Zur Autorin:

Doro König, geboren 1978 in Leipzig, aufgewachsen in Hamburg, lebt in München. Sie ist Autorin, Schreibcoach und Lektorin. In ihren Texten spielt sie besonders gern mit den leisen Tönen und der Wahrnehmung hinter der Sprache.

DORO KÖNIG

VERLORENES GLÜCK

Erzählungen für einen Neubeginn

EDITION
SchreibStimme.

Bibliografische Information der Deutschen Nationalbibliothek: Die Deutsche Nationalbibliothek verzeichnet diese Publikation in der Deutschen Nationalbibliografie; detaillierte bibliografische Daten sind im Internet über dnb.dnb.de abrufbar.

Verlag: SchreibStimme. Kunath & Tóth, Uster
Umschlagbild: © Barbara Süßmeier, https://www.barbara-suessmeier-art.de
Portraitfoto: © Sarah Ley, https://www.leyfotografie.com
Herstellung: BoD – Books on Demand, Norderstedt

ISBN: 978-3-9525558-3-5

Für Nicky und für Ernestine.

Danke für das, was ihr in mir seht.
Danke, dass ihr an meiner Seite seid.
Überall.
Durch die wertschätzenden Gedanken und Worte,
die ihr mir schenkt.

INHALT

HERR MILLER UND DAS VERLORENE GLÜCK

Ich fand ihn an einem dunklen, nebeldurchwaberten Spätnachmittag im November.

Nach einer von bedrückenden Auseinandersetzungen durchzogenen Woche hatte ich mich auf einen Sonntagsspaziergang begeben, um den Kopf wieder ein wenig frei zu bekommen.

Schon seit geraumer Zeit litt ich unter einem Menschen, den ich vor vielen Jahren einmal in mein Leben gelassen hatte. Zusammen hatten wir uns auf die Suche nach dem Glück begeben – uns ein gemeinsames Leben aufgebaut. Eine ganze Weile lang.

Doch irgendwann hatte sich herausgestellt, dass jeder von uns auf dieser Suche einen vollkommen anderen Weg gehen musste. Dass ein gemeinsames Leben nicht mehr möglich war, und wir waren jeder für sich allein weitergegangen. Doch trotz Trennung hatte er mich nicht wirklich loslassen können. Beständig zog er an mir und kratzte an meinen Grenzen. Wollte es nicht akzeptieren, dass er nicht mehr Teil meines Lebens war.

An jenem Tag fühlte ich mich ausgelaugt: gezeichnet und gebeugt von den Lasten, die er noch immer beharrlich auf mir ablud. Ich sehnte mich nach Frieden und wieder ein wenig Glück in meinem Leben.

*

Als ich Herrn Miller traf, war ich nun schon eine gute Stunde unterwegs.

Gerade wollte ich die Landstrasse überqueren – diese verlassen und querfeldein die Heimkehr antreten, da trat er wenige Meter vor mir in das orangenfarbene Licht einer Strassenlaterne. Sein leicht zur Seite geneigter Gang machte mich stutzig und ich unterbrach mein Vorhaben, um ihn ein wenig genauer zu beobachten.

Den rechten Arm hatte er gebeugt an sich gezogen und mit seiner Hand drückte er ein kleines Täschchen nah an seinen Körper – wie seinen wertvollsten Schatz.

Lediglich mit einer Wollstrickjacke bekleidet, trug er aber festes Strassenschuhwerk und Ausgehhosen. Er schien nicht zu frieren – im Gegensatz zu mir, die ich noch in meiner dicken Winterjacke den alles durchdringenden feuchtkalten Nebel spürte und deren rot gefrorene Nase unter einer tief ins Gesicht gezogenen Bommelstrickmütze hervorleuchtete.

Nun hatte auch er mich bemerkt und trat erwartungsvoll ein paar wackelige Schritte auf mich zu.

Ich fasste mir ein Herz und fragte, ob alles in Ordnung sei oder ob er Hilfe brauche. Das freundliche Lächeln, das nun in sein Gesicht trat, zerstreute meine Bedenken.

Offenherzig erzählte er mir, dass er heute erst spät aus seinem Mittagsschlaf erwacht sei und seinen Spaziergang begonnen habe. Schliesslich war er in die Dunkelheit geraten und suchte nun seinen Heimweg.

Er wohne im Dorf und wüsste den Weg eigentlich genau – nur jetzt in der Dunkelheit und in dem Nebel ...

Als ich ihm meine Begleitung anbot, nahm er sogleich dankbar meinen Arm und so gingen wir zusammen weiter in die Richtung, die er eingeschlagen hatte.

Er musste schon einen weiten Weg hinter sich gebracht haben, denn die Landstrasse, an deren Einmündung zum Dorf wir uns getroffen hatten, überbrückte bis zu dieser Stelle einen guten Kilometer zum Hauptort, in dem ich wohnte und wohin ich eigentlich nach Einbruch von Nebel und Dunkelheit eiligst hatte zurückkehren wollen.

Nun ging ich mit meiner neuen Bekanntschaft in die entgegengesetzte Richtung und versuchte, die Strasse von ihm zu erfahren, in der sich seine Wohnung befand.

Als er sie mir nannte, blieb ich stehen: Richard-Wagner-Weg 13. Mir war klar, dass er sich in die falsche Richtung begeben hatte, aber als ich ihm dies sagte, beharrte er auf der Richtigkeit seines Weges.

Ich fragte erneut nach dem Namen der Strasse und gab ihn in mein Handy ein. Dies bestätigte meine Annahme. Sanft versuchte ich den verirrten Mann nun zu überzeugen; wieder etwas unsicher, wie er dies aufnehmen würde. Aber er war gutmütig und schliesslich liess er sich vertrauensvoll auf die von mir vorgeschlagene Umkehr ein.

Es war ein langer Weg, den wir vor uns hatten – ca. zwei Kilometer, schätzte ich. In meinem normalen spaziergangewohnten Schritttempo wäre das innerhalb von zwanzig Minuten machbar gewesen. Aber die Wege werden in der Tat länger, wenn ehemals kraftvoll durchs Leben gehendes Schreiten zu tippelnden Trippelschrittchen wird, die sich im angebrochenen Lebensabend erneut ihren Platz in der Welt suchen müssen.

Mein Begleiter war redselig und erzählte mir von der Wohnung, in die er mit seiner Frau gezogen sei, als sie in den Ruhestand gegangen waren. Ihr Erspartes hätten sie dafür aufgewandt und viele Pläne für die Zukunft geschmiedet – voller Zuversicht auf einen friedvollen gemeinsamen Lebensabend.

„Friedvoll“ ... das war ein Wort, das er auffallend oft verwendete, als er mir so von seinem Leben erzählte.

Wie lange das wohl her sein mochte?, fragte ich mich im Stillen und versuchte, sein Alter einzuschätzen. – Aber das war in der novembernächtlichen Nebel-Szenerie nicht leicht.

„So viele Pläne haben wir geschmiedet! Und dann stirbt die Frau ...“, er blieb kurz stehen, um einem tiefen Seufzer seiner Trauer Raum zu machen.

Ich nahm an, dass der Tod seiner Frau noch nicht lange her sein konnte, denn die Fassungslosigkeit über dieses Ereignis liess auf ein erst kürzlich geschehenes schliessen.

Ich prüfte ihn noch einmal mit kritischem Blick von der Seite, konnte ihn aber einfach nicht einschätzen: Die Siebziger schien er auf jeden Fall schon hinter sich zu haben.

Wir waren jetzt auf halber Strecke und als er merkte, dass er sich nicht mehr auskannte, blieb er verwirrt stehen.

„Ach, am liebsten würde ich mich aufhängen ...“, entfuhr es ihm in seiner Verzweiflung über den zu spät angetretenen Spaziergang und ich – amüsiert über das Gesagte – erwiderte lachend in dem burschikos-koketten Ton, den ich so oft bei Pflegern jeglicher Richtung mitbekommen hatte: „Na, also das wäre dann doch wohl eine ein wenig überzogene Reaktion, meinen Sie nicht?“ Er schwieg und ich hatte das fahle Gefühl, in stärkerem Maße bagatellisierend als humorvoll gewesen zu sein.

Ich versicherte ihm immer wieder, dass wir auf dem richtigen Weg zu der von ihm genannten Strasse seien, und bat ihn, mir zu vertrauen. Obwohl ich nicht einmal wusste, ob ich mir selber vertraute.

Er tat es und erzählte bald weiter: In meinen Arm eingehängt und meine Hand in der seinen haltend, als sei ich bereits eine langjährige Vertraute.

Seine Hände waren angenehm warm. Und als er merkte, dass meine Fingerspitzen immer kälter wurden, da drückte er sie liebevoll, um sie zu wärmen.

Wir gingen weiter und unter unseren Trippelschrittchen schien sich die Strecke ins Unendliche zu dehnen.

Immer wieder sprach er vom Dorf, in das er mit seiner Frau gezogen sei, und immer wieder erzählte er vom Richard-Wagner-Weg. Die Angaben über seinen Wohnort waren klar, wenn auch gegensätzlich. Und immer wieder wurde ich unsicher, ob es nicht im Dorf auch eine Strasse mit diesem Namen geben könnte. Aber ein weiterer Blick auf mein Handy bestätigte mir, dass ich mich nicht irrte. Und so gingen wir immer weiter den von mir bestimmten Weg, dem er sich so vertrauensvoll angeschlossen hatte.

„Wissen Sie, es ist nicht leicht, wenn man tatsächlich zusammenlebt", erzählt er mir weiter. „Ganz am Anfang, da ist alles noch einfach. Aber wenn man dann erst verheiratet ist und jeden Tag zusammen ... Da muss man dann schon auch mal nachgeben. Da kann man nicht immer auf seinem Recht bestehen." Da war er wieder – der Stein in meiner Brust ...

„Aber ich habe Glück gehabt mit meiner Frau. Sie war eine liebe Frau, die mir meinen Frieden gelassen hat. Wissen Sie: Wir haben 1954 geheiratet."

„Dann waren Sie ja über sechzig Jahre verheiratet!", gab ich voll Bewunderung zurück.

„Ja, ja, bald sechzig Jahre wären es gewesen ..."

Er blieb stehen und reichte mir sein kleines Täschchen zum Halten. Seine Hose schien nicht richtig zu sitzen und stirnrunzelnd ruckelte er mit beiden Händen daran, um sie sich höher zu ziehen.

„Hach, was ist denn heute nur los? Jetzt rutscht mir dauernd diese blöde Hose!"

Schmunzelnd hielt ich sein Täschchen und scherzte, dass er wohl schon abgenommen habe von der unerwartet langen Strecke seines Spazierganges. Auch er lachte. Wir gingen weiter.

„Wissen Sie", fuhr er nach einer Weile stillen Arm in Arm trippelnden Schweigens mit mir fort: „Mir war es immer wichtig, dass wir in Frieden miteinander waren. Und ich hatte so viel Stress in meinem Beruf."

Ich erkundige mich, ob denn seine Frau auch gearbeitet habe, und denke an meine eigenen Versuche in den letzten Jahren, seit der Geburt meines Sohnes wieder einen Einstieg ins Berufsleben zu finden.

„Ach ja, ihr blieb ja nicht viel Zeit, als dann der Bub auf der Welt war. Einen gesunden Buben haben wir bekommen! Da hatte sie schon viel zu tun."

Stolzerfüllt blieb er stehen, sich erneut die widerspenstige Hose festruckelnd.

„Wir haben immer in Frieden miteinander gelebt, wissen Sie. Streit und Zank, das ist nicht schön! Mir war immer wichtig, dass wir in Frieden miteinander leben ... Sie hat stundenweise gearbeitet – als Hauswirtschaftshilfe. Das konnte sie sehr gut! Sie war eine sehr liebe Frau – hat jedem seinen Frieden gelassen!"

Der Kloss in meinem Hals verschwand nicht – aber Arm in Arm schlurften wir unserem Ziel entgegen.

Plötzlich blieb er stehen: Am Strassenrand hatte er einen abgebrochenen Baumstumpf entdeckt, der trostlos im orangenen Licht der Laternen aus dem Nebel stakste.

Ich stutzte über seinen offensichtlich scharfen Blick, denn ich hatte den Stumpf nicht bemerkt.

„Den hat wohl ein Auto mitgenommen", folgerte er mit erstaunlicher Sicherheit. Wir lachten und trippelten weiter.

„Wissen Sie, als Kraftfahrer, da kann man es sich nicht immer aussuchen, welche Strecken man fahren muss. Und die Lieferung, die muss man zum Kunden bringen. Der wartet da drauf und den interessiert das nicht, ob du im Stau gestanden bist. Der will seine Sachen pünktlich haben ... Ach, ich habe viel Stress gehabt in meinem Beruf! Und da war es mir wichtig, dass meine Frau mir meinen Frieden gelassen hat. Wir hatten so viele Pläne. Ach, und dann stirbt die Frau einfach weg ...!"

In gemeinsamer Trauer schwiegen wir eine Weile und passierten schliesslich, endlich!, den Ortseingang. Als wir die Strasse zum Sportplatz überquerten, erkannte er auch seine Wege wieder. Er war sichtlich erleichtert.

„Ja, da vorne, das ist meine Wirtschaft!"

Ich freute mich, als die Unsicherheit von ihm abfiel, die ihn zuvor so bedrückt hatte.

„Da gehe ich immer hin, seit meine Frau tot ist. Wissen Sie, es macht ja keinen Sinn, wenn man alleine ist, nur für sich zu kochen. Meine Frau hat sehr gut gekocht!"

Wieder macht er eine kurze Ruckelpause, in der ich erneut sein Täschchen halten darf. Und langsam werde ich neugierig, was er da wohl bei sich trägt!

„Haben Sie Ihr Portemonnaie mitgenommen?", frage ich ihn.

Erschrocken bleibt er stehen: „Ach nein, ich weiss gar nicht, wo das ist. Hoffentlich ist das zuhause!"

„Sicher ist es dort!", versuchte ich ihn zu beruhigen. „Da schauen Sie dann gleich nach, wenn Sie daheim sind."

Er nickte und stumm schlurften wir weiter. Am Sportplatz vorbei und an der Wirtschaft, der Feuerwache unseres Ortes und schliesslich an dem grossen Schulgebäude. Meine Erleichterung stieg weiter, als ich merkte, dass er immer mehr wiedererkannte. Und auch ihn schien die Aussicht auf ein baldiges wieder Daheimsein zu beflügeln, denn sein Trippeln wurde schneller.

Er erzählte mir von seinem Sohn, der nicht weit weg wohnen würde und der ihn hin und wieder besuchen käme. Auch mit ihm habe er immer ein friedliches Verhältnis gehabt:

„Wissen Sie, es bringt doch nichts, wenn man sich dauernd zankt.“

Ich schlucke und überlege, ob ich vielleicht irgendwie die Telefonnummer des Sohnes herausfinden konnte oder ihm einen Zettel in der Wohnung des alten Mannes hinterlassen sollte mit einer Nachricht und Information über den irregeleiteten Spaziergang seines Vaters.

Als wir endlich die Strasse zu der Wohnsiedlung überquerten, war ich erleichtert: „Da sind wir ja endlich! Jetzt sind Sie gleich zuhause!“ Ich strahlte ihn an!

Er blieb stehen: „Aber nein! Hier wohne ich doch nicht! Hier habe ich doch früher gewohnt! Jetzt wohne ich im Dorf!“

Sein Erstaunen war zutiefst aufrichtig. Meine Verwirrung auch.

Ich schüttelte den Kopf: „Aber Sie sagten doch, Sie würden im Richard-Wagner-Weg wohnen ... und ... und da sind wir doch jetzt!“

Freundlichkeit lachte mir aus seinen Augen entgegen.

Es folgten Minuten des Schweigens, in denen ich fröstelnd die nun vollständig eingetretene Dunkelheit bemerkte.

„Wissen Sie was!“ – Ich hatte ein wenig meine Fassung wieder: „Wir setzen uns jetzt erst einmal da hinein, damit uns wieder etwas wärmer wird.“ Ich deutete auf das Fitnessstudio, das seit ungefähr einem Jahr in dem grossen Eckladen Ecke Richard-Wagner-Weg eingemietet war. „Und dann rufe ich mal jemanden an, der uns helfen kann.“

Er nickte: „Ja, kennen Sie denn jemanden, der uns helfen kann?“ Ich nickte zurück und er stimmte meinem Vorschlag zu.

Wir gingen hinein. Der warme schweissige Geruch sonntagabendlich Sporttreibender wehte uns entgegen und ich setzte ihn in den mit roten Ledersesseln ausgestatteten Empfangsbereich. Die Trainer am Empfang liessen uns gewähren und boten uns freundlich etwas zum Trinken an. Als wäre es das Selbstverständlichste. Dankend lehnten wir ab.

Erst jetzt in dem gleissenden Licht der Neonröhren, die das Studio in das pragmatische Licht einer Fitnessfabrik tauchten, bemerkte ich die getrübten Pupillen meines freundlichen Wegbegleiters, die noch in der Dunkelheit so haarscharf den abgebrochenen Baumstumpf erblickt hatten.

Überrascht erkannte ich an ihm den Blick jener Lebewesen, die unsere Welt nur noch am Rande bewohnen und deren Innerstes bereits Freundschaft mit einem anderen grossen Abenteuer geschlossen hat. Er musste doch viel älter sein, als ich – ihn in Nebel und Dunkelheit findend – zunächst angenommen hatte.

Ich entschuldigte mich kurz für mein Telefonat und er liess mich – froh darüber, endlich sitzen zu können – gewähren. Bei diesem Telefonat erfuhr ich, dass er seit Stunden vermisst wurde und ein Polizeiwagen bereits unterwegs und auf der Suche nach ihm war. Der Polizist am Telefon war ein freundlicher Mensch und offensichtlich erleichtert über meinen Anruf. Er bedankte sich bei mir und ich war erstaunt über so viel Anteilnahme. Wohltuende Freude breitet sich in mir aus und ich merkte, wie der Knoten in meiner Brust sich langsam zu lösen begann.

Ich sagte, dass ich warten würde, bis der Wagen da sei, legte auf und ging zurück zu meinem lieben Ausreisser.

Erwartungsvoll blickte dieser mich an. „Wissen Sie was!“, rief ich ihm, unsicher, wie er auf meine Nachricht reagieren würde, entgegen: „Sie wohnen weder im Dorf noch im Richard-Wagner-Weg!“

Erstaunt weiteten sich seine Augen.

„Sie wohnen in dem Seniorenwohnheim in der Stieglitzstrasse!“

Es war offensichtlich, als er sich erinnerte. Beschämt vergrub er sein Gesicht in die Hände und schüttelte den Kopf. Auch ich musste nun lachen und setzte mich neben ihn. Aufmunternd strich ich ihm über den Rücken: „Dort vermisst man Sie schon sehr und sucht Sie! Das hatten Sie wahrscheinlich ganz vergessen, oder?“.

Er nickte und blickte auf und beide lachten wir das befreiende Lachen derer, die endlich ein Ziel gefunden hatten. – Auch wenn dies ein vollkommen anderes gewesen war als das, welches sie ursprünglich zu suchen gemeint hatten.

Er war erleichtert. Und ich erst!

Mein Blick fiel wieder auf das Täschchen, das er noch immer fest in seiner Hand hielt.

„Und was haben Sie denn nun in Ihrem Täschchen?“, traue ich mich nun doch endlich neugierig zu fragen.

„Na, meinen Rasierapparat“, antwortet er mir – wieder mit sichtlichem Erstaunen: „Damit ich morgen auch anständig aussehe!“

Ich nicke wieder und damit war auch diese Frage geklärt.

Eine Viertelstunde später hielt der Polizeiwagen vor den Schaufensterscheiben des Fitnessstudios und zwei gut gelaunte Polizisten stiegen aus. „Hallo, Herr Miller“, begrüßte man ihn fröhlich. „Da sind Sie ja! Wo waren Sie denn dieses Mal unterwegs? Das letzte Mal sind Sie ja fast bis nach München gelaufen!“

Er lachte. Es war das stille freundliche Lachen eines Menschen, der stets von dem Vertrauen in die Gutmütigkeit der Menschen und deren Wohlwollen füreinander erfüllt gewesen war.

Da nahmen die Polizisten meinen lieben Herrn Miller fürsorglich am Arm und brachten ihn in die warme Zuflucht seines Zimmers im Seniorenwohnheim zurück – zu den besorgten Pflegern, die ihn schon so lange vermissten.

Auch ich machte mich auf den Nachhauseweg und war nun bald wieder in meinen vier Wänden angekommen.

*

Heute – zwei Wochen später – am Abend des ersten Advents, sitze ich an meinem Fenster und schreibe die Episode nieder, die ich mit dem freundlichen Herrn Miller, dem beständig die Hose rutschte und der auf seinem langen Spaziergang durch den kalten Novembernebel das Täschchen mit seinem Rasierapparat wie seinen kostbarsten Schatz mit sich trug, erlebte.

Wie er denn heissen würde, hatte mich der Polizist am Telefon gefragt, und erst da war mir aufgefallen, dass ich ihm diese eine Frage unsere ganze lange Suche über noch gar nicht gestellt hatte. Ich rügte mich wegen dieser Nachlässigkeit und entschuldigte mich bei dem Polizisten. Auf meine nachträglich gestellte Frage gab mir Herr Miller bereitwillig Auskunft: Herr Jakob Miller.

Auch als ich bereits in meiner warmen Wohnung angekommen war, fragte ich mich immer wieder kopfschüttelnd, weshalb es mir nicht einmal in den Sinn gekommen war, den alten Mann nach seinem Namen zu fragen!

Erst ein paar Tage später wurde mir der Grund dafür klar: Ich hatte ihn nicht gefragt, weil es für uns nicht von Bedeutung gewesen war.

Der freundliche alte Mann hat mir Wichtigeres erzählt! Er hat mich an der Geschichte seines Lebens mit seiner Gefährtin teilhaben lassen, der – wie auch ihm – nichts von grösserer Bedeutung gewesen war als ein Leben in Einigkeit und Friedfertigkeit. Eine Geschichte, die erfüllt war von tiefer Dankbarkeit und Liebe, aber auch von der Trauer um das Verlorene.

Auf meinem neblig-nasskalten Novemberabendspaziergang hatte ich einen Mann gefunden, der sich verlaufen hatte.

Aber seit jenem Nachmittag lässt mich der Verdacht nicht los, dass es vielleicht gar nicht nur Herr Miller gewesen war, der herumgeirrt war.

Ich hatte ihm helfen wollen, sein Zuhause zu finden, und vertrauensvoll hatte er meine ihm angebotene Hand genommen. Er hatte sich von mir führen lassen – meiner Aussage vertrauend, ich wüsste den Weg zu seinem Ziel besser als er.

Freundlich hatte er meine Hand genommen und sich mir anvertraut ... Das bewegt mich noch heute!

Auch ich hatte in der Vergangenheit einem Menschen meine Hand gegeben – in der Hoffnung und dem Vertrauen, dass er mich liebevoll leiten würde. Ich hatte meinen Weg im Leben und ein kleines bisschen Glück mit diesem Menschen gesucht und er hatte mir gesagt, wo dieser Weg entlang- und wo er hinführen sollte, in der sicheren Überzeugung, dass er ihn kennen würde.

Wie Herr Miller an diesem Abend im November hatte ich dabei zeitweilig mein eigenes Empfinden ausschalten müssen. So hatte ich Hilfe und Führung gefunden, in die ich mich vollständig fallenliess.

Aber ich passte auf diesem Weg oft nicht auf und übersah wichtige Signale, die mir hatten zeigen wollen, wann es wieder an der Zeit gewesen wäre, selber über meine Richtung zu bestimmen.

Als ich an jenem Nachmittag losging, da war ich voller Groll über mich und meine Vertrauensseligkeit. Schon seit Wochen hatte ich mich hart für meine Orientierungslosigkeit und Bedürftigkeit in der Vergangenheit verurteilt, durch die ich mich so verloren hatte. Und schliesslich hatte ich mich sogar dafür verurteilt, dass ich überhaupt vertraute.

Mein Geist und meine Gefühle waren an jenem Tag im November ebenso vernebelt und kalt gewesen wie die unfreundliche Wetterlage jenes Tages, als ich meinen lieben Herrn Miller fand.

Seit diesem Ereignis aber wird mir eines immer klarer: Ich hätte es mehr machen müssen wie ER:

Trotz Führung hin und wieder stehen bleiben und mich zurechtruckeln. Selber schauen, ob ich noch auf dem für mich richtigen Weg bin oder ob mein Ziel und das Ziel meines Gefährten vielleicht schon gar nicht mehr übereinstimmten.

Wenn du deinem Partner etwas bedeutest, dann wird er immer mit dir zusammen auch ein warmes Plätzchen zum Verschnaufen und zum Überlegen, wie es weitergehen könnte, suchen. Dann wird er sich die Zeit nehmen und auf deine Stimme hören, auf deine Wünsche und Bedürfnisse und diese ernst nehmen. Er wird dich schliesslich sogar friedlich gehen lassen, wenn eure Wege sich unvereinbar voneinander getrennt haben.

Herr Miller und ich haben es an jenem Tag beide gut miteinander gemeint und uns auf unserer gemeinsamen Suche nach seinem Ziel – jeder auf seine Weise – unsere Botschaften übermittelt.

So sind wir ein Stück des Weges miteinander gegangen – in tiefem gegenseitigem Vertrauen. Das tat sowohl ihm als auch mir gut, denn ich lernte in dieser merkwürdigen Begegnung schließlich etwas: Es ist nicht falsch zu vertrauen. Im Gegenteil: Freundliches, offenes Vertrauen, das dir ein Mensch entgegenbringt, ist ein Geschenk. Vertrauen ist wichtig.

Herr Miller hat mir vertraut – und ich habe ihn in die Wärme zurückgebracht. Ich habe Herrn Miller vertraut und er hat wieder Wärme in mich gebracht: Er fand zurück in sein Seniorenheim und ich fand wieder ein weites Stück zu mir selber.

Aber haben wir unser Ziel wirklich gefunden?

*

Vorhin machte ich meinen Sonntagsspaziergang über das Seniorenheim. Ich hatte eine Tüte Plätzchen dabei und eine Karte mit einem vorweihnachtlichen Gruss.

Als ich an der Rezeption nach Herrn Miller fragte, sagte man mir mit besorgten Blicken, dass er leider im Moment nicht da sei. Er sei gerade wieder unterwegs – auf einem seiner Spaziergänge – und man vermisse ihn schon und habe die Polizei bereits benachrichtigt. Hoffentlich komme er bald wieder heim! ... Es tue ihnen leid. Man mache sich furchtbare Sorgen!

Ich nickte und verabschiedete mich.

Die Kekse und den Gruss liess ich da und ging zur Tür hinaus.

Ich musste lächeln. Draussen empfing mich ein frostigklarer Dezembernachmittag und ich kuschelte mich tiefer in meine warme Winterjacke ein.

Mein Blick wanderte in die Wolken.

Ich malte mir aus, wie er gerade auf einer Bank sass: Hand in Hand mit der sanften friedlichen Frau Miller – irgendwo zwischen dem Dorf und dem Richard-Wagner-Weg.

Ich sah seine Augen, aus denen jegliche Trübheit verschwunden war und in denen es wieder leuchtete: Das pure Glück!

Zielsicher machte ich mich auf den Weg und hoffte, dass ich ihn noch einmal würde sehen können. Bevor er sein Glück – selbstverständlich frisch rasiert! – endlich wiedergefunden hatte.

UNGEPLANTER SOMMER

Von ruhigen Tagen in toskanischer Sommerhitze. Um uns herum gefüllte Felder duftenden Lavendels. Die tosende Stille zirpender Grillen. Schweine schmatzend unter Mandelbäumen. Wir beide in einer gemalten Sommerlandschaft. Ein stilles Beieinander.

Nur du und ich.

Jeder folgt seinem Tagesgeschehen. Doch an den Abenden treffen wir uns. Eingeleitet von einem stillen Essen im fackelerleuchteten Patio der Finca, in der wir, eingebettet in den sanften Hügeln, wohnen.

Wir essen – trinken Wein – blicken uns an.

Erspüren uns in der Stille. Erforschen, ob wir uns auch diesmal wiedererkennen. Jeden Abend.

Wir suchen und finden einander. – Langsam. – Wort für Wort. Blick für Blick. – Legen so die Hitze des Tages ab. Während die Sonne glutgolden in den Feldern versinkt.

Wir verlieren die Zeit: Nur hin und wieder ein paar Worte. Blicke. – Immer wieder.

Ich träumte von der Liebe. Ich sehe, wie dein Gesicht die angespannten Züge des Tages verliert. Spüre, wie du langsam dein Lächeln wiederfindest.

Ein Lächeln, das sich in kleinen Wellen durch meinen Körper fortsetzt. Es springt in mich hinein ... erreicht mein Innerstes. Ich atme auf: Wir sind da! Noch immer! Immer wieder neu!

Nichts von der Hitze und der Glut, der Arbeit und der Last des vergangenen Tages hat daran etwas ändern können.

Es ist ein Wunder! Immer wieder: Dass wir uns jeden Morgen mit dem Aufstehen verlieren und uns jeden Abend wiederfinden.

Es hat lange gedauert, bis ich gelernt hatte, darauf zu vertrauen. Und du musstest beharrlich den Stürmen meiner Ängste standhalten. Dich nicht von ihnen umwehen lassen.

Du hast es geschafft – Wir haben es geschafft. Es ist ein Wunder!

Unendliche Dankbarkeit, während ich deine lieben geliebten Züge im flackernden Feuerschein mustere. Dankbarkeit an das Leben! Das mir so Wunderbares widerfahren lässt. Mich so reich beschenkt!

Wir haben gegessen und erheben uns. Sanftes Zittern ganz tief in mir. Freudige, leise Vorahnung dessen, was heute noch sein kann – entstehen kann – zwischen dir und mir.

Wir nehmen uns bei der Hand – unsere erste Berührung heute. Gehen hinaus in die Dunkelheit.

Es ist eine von künstlichem Licht ungetrübte Dunkelheit, die uns den Blick auf das mächtige Sternenzelt eröffnet. Eine weite Kuppel über uns. Während wir Arm in Arm über die sanft knirschenden nächtlichen Sandwege schlendern – uns leise unterhaltend – oder einfach nur spürend.

Dein Duft! Vermischt mit den nächtlichen Gerüchen der Felder und der flimmernden Sterne. Tief atme ich ihn!

Tief füllt er mich aus. Mit Leben! Bringt mich zum Schwingen. Erinnerungen – Ahnungen!

Wie glücklich bin ich! Dich schon so kennen zu dürfen, dass du Erinnerungen in mir weckst!

Wundervolle Geborgenheit, die du in mir pflanzt! Allabendlich neu – allabendlich tiefer.

Und ich weiss, dass es dieser Kreislauf ist, der dafür sorgen wird, dass es über unsere Zeit hinaus wirksam sein wird: Mein Zuhause in mir.

Wir bleiben stehen, ergreifen unsere Hände.

Sehen einander an. Das tiefe Bewusstsein, dass wir jetzt den Punkt erreicht haben, an dem wir miteinander schwingen.

Einen warmen Kuss atme ich dir auf die Lippen.

Meine Wangen streicheln dein Gesicht. Die Augen geschlossen. Dich zärtlich spürend. Atem gebend und nehmend. – Es ist beides das Gleiche, in diesem Moment.

Wir lehnen aneinander und es ist das Gefühl untrüglicher Gewissheit: Die Gewissheit, dass du der einzig richtige Mensch an meiner Seite bist und immer sein wirst. Fülle. Erfüllung!

1.

Sie erwachte vom Rütteln der Maschine. Der Flieger setzte zur Landung an, um pünktlich um 13.30 Uhr Ortszeit in Hurghada/Ägypten zu landen.

Der Flughafen war nicht gross und sandig und schien in keiner großen Bewegung zu sein – lediglich eine weitere mittelgrosse Boeing war kurz vor ihnen gelandet.

Sie hob den Kleinen auf den Arm und Manuel ging voraus. Ihr Mann war besorgt um das Gepäck und wollte in der Gepäckhalle nach den Koffern Ausschau halten. Er war erleichtert, als alles planmässig angekommen und endlich vollständig bei ihnen war.

Auch der weitere Reiseablauf verlief wie geplant und wenig später sassen sie im Reisebus, der sie zu ihrem neunzig Kilometer entfernten Hotel in der Wüste bringen sollte. Er war gerade einmal halb voll.

Der Kleine war kurz nach dem Anfahren des Busses eingeschlafen. Der lange Flug war aufregend für das dreijährige Kerlchen gewesen und nun schlief es den erschöpft-zufriedenen Schlaf des stolzen Entdeckers.

Manuel war in Gedanken noch mit dem Gepäck beschäftigt und sie blickte aus dem Fenster. Eine Geisterstadt glitt an ihnen vorüber. Nicht nur der Flughafen war übersät von schwer bewaffneten Sicherheitskräften gewesen, auch in der Stadt prägten sie das Bild – ja, man hatte nicht wirklich den Eindruck, dass es dort überhaupt noch Menschen gab, die sich ohne Maschinenpistole, schwarzem militärischen Schutzanzug und Helm auf der Strasse bewegten.

Die Stadt schien ansonsten weder belebt, noch war sie fertig gebaut. Ein Rohbau folgte dem nächsten.

Gewundene Stacheldrahtzäune schirmten die verschiedenen Teile der Stadt voneinander ab. Es war, als führe man durch ein militärisches Lager.

Ein Schauer ergriff sie. Sie spürte die bedrückende Enge in ihrer Brust, die sie seit ein paar Monaten immer wieder unwillkürlich überfiel. Erst, als sie endlich die letzten Randgebiete der vernarbten Wüstenstadt hinter sich liessen, fand sie ihren Atem wieder.

Es folgten neunzig Minuten von Menschen zerschundene Wüste. Mal ein Bunker – mal ein militärischer Wachposten. Stacheldraht, Müll, Sand – Leere.

Die ganze Fahrt über starrten ihre Augen aus dem klimagekühlten Bus in die flimmernde Vormittagshitze.

2.

Am ersten Morgen ihres Urlaubes hatte Manuel vor, dass sie nach dem Frühstück zum Strand gingen. Doch zuvor drehten sie noch eine erste Kennenlernrunde über die prächtige Hotelanlage.

Sie hatten erst um 19 Uhr an ihrem Ankunftstag das Hotel erreicht und sofort zu Abend gegessen. Sie war dann mit dem Kleinen sofort ins Bett gegangen, dem – wie ihr – der schnelle Temperaturwechsel zwischen ihrer trotz Aprils noch immer winterlichen Heimatstadt und dem urplötzlich über sie einschwappenden Sommer zu schaffen machte.

Am nächsten Morgen waren sie früh wach und konnten die kühleren frühen Morgenstunden nutzen, um sich langsamer zu akklimatisieren.

Kurz besahen sie sich die vielfältigen Gartenanlagen, die dank künstlicher Bewässerung grün und saftig der alles vertrocknenden Wüste um sich herum trotzten. Sogar ein Teich mit prachtvollen Kois war da, über den eine exotische Holzbrücke führte. Dann besahen sie sich die Sportanlagen und das dazu ausgehängte Programm. Vielfältig lagen sie da: der Minigolfplatz, die ansprechend gestalteten Gymnastikflächen für den täglichen Yoga-, Pilates- und Zumba-Unterricht, die Tennisplätze und schliesslich die Beachvolleyballfelder.

Zu Letzteren zog es Manuel hin und er meldete sich sogleich für die jeden Vormittag stattfindenden Trainingseinheiten an.

Anschliessend versuchten sie noch, dem Kleinen die ansprechend und bunt gestaltete Kinderbetreuung schmackhaft zu machen, aber dieser zeigte kein Interesse. Wollte lieber bei Mama und Papa bleiben.

Also gingen sie zum Strand und fanden in der dritten Reihe noch einen freien Palmblattsonnenschirm, in dessen Schatten sie sich niederliessen.

Manuel holte seine Wirtschaftszeitschrift hervor und genoss die Wärme. Sie bespielte den Kleinen mit dem mitgebrachten Sandförmchen und Schäufelchen, doch schon bald war dieser mit sich selbst und seinen Buddeleien beschäftigt und sie konnte sich ein wenig umsehen. Ihr Blick glitt langsam über die kleine Bucht, an der die Hotelbetreiber ihre prachtvolle Luxushotelmaschine angesiedelt hatten.

Es war eine komfortable Hotelanlage. Manuel hatte sie für sie ausgesucht. Eine perfekte Urlaubsplanung war ihm wichtig und er begann damit immer schon weit im Voraus.

Am Strand hatten sie Platz. Allein die Sonnenschirme aus Palmblättern, die zu dieser Anlage gehörten, beherrschten das geordnete und trockene Strandbild.

Auch hier war nichts als Wüste. Das Meer lag friedlich – von der künstlich angelegten Bucht domestiziert – vor ihnen. Das Wasser war flach und man konnte die ca. fünfzig Meter problemlos hindurchwaten, ohne einen einzigen Schwimmzug tätigen zu müssen. Auf der anderen Seite – Leere und Sand. Nur in der Ferne ein kleines Häuschen – ein Soldatenwachpunkt. Bewachte Leere.

Ihr Blick schweifte nach rechts – zur Rundung der Bucht. Dort wartete ein Dromedar im Sand auf Touristen, die es bereitwillig ein Stück weit in die Wüste tragen würde. Gelangweiltes, einsames Kauen war seine einzige Regung. Ein schmuckvoller Teppich bedeckte seinen Höcker. An der Seite ein junges Kalb – keine drei Monate alt. Ihr Blick blieb ruhig auf dem Tier haften.

Schwindel überkam sie. Das Dromedar verschwamm mit seinem bunten Teppich und dem Kalb vor ihren Augen zu einer flirrenden Masse. Sie glitt in die Liege. Griff sich an den Hals. Wieder diese Enge.

Stimmen lenkten sie ab. Manuel hatte Kontakt zu den Nachbarn aufgenommen. Es war eine junge Frau – Anfang zwanzig – und ein mittelälterer Herr. Sie stellten sich als Simone und Raimund vor und waren Tochter und Vater.

Manuel stellte sie als seine Frau und den Kleinen vor. Schnell hatte sich das Kerlchen mit der freundlichen Studentin angefreundet, während Manuel sich mit Raimund in ein leichtes Gespräch über die Hotelanlage und das sportliche Angebot vertieft hatte. Sie beteiligte sich bruchstückhaft. Ihr Blick glitt immer wieder zu dem buntgeschmückten Dromedar, das noch immer teilnahmslos in der Wüste döste.

Am Mittag gingen sie mit den neu gewonnenen Freunden essen. Manuel freute sich, so schnell Kontakt zu netten Leuten gefunden zu haben. Das konnte er gut und Raimund stellte sich als interessanter Gesprächspartner für ihn heraus, denn er arbeitete als leitender Ingenieur in einem namhaften deutschen Unternehmen. Er war zudem ein lebhafter Erzähler, der weit mehr Jugendlichkeit ausstrahlte, als man aufgrund seines genannten Alters hätte vermuten können.

Die frühe Nachmittagszeit verbrachte Manuel dann alleine wirtschaftszeitungstudierend am Strand, während seine Frau und der Kleine im Schutz des klimagekühlten Hotelzimmers ihren Mittagsschlaf hielten.

Am Nachmittag kamen sie wieder dazu und sie probierten gemeinsam das Wasser aus. Manuel war sehr zufrieden mit der Temperatur und der Kleine plantschte vergnügt und hatte seine Freude.

Als sie zurückkahmen, hatten Raimund und Simone Gesellschaft bekommen.

Die beiden Damen – beide alleinstehend – stellten sich als Heidi und Barbara vor. Ebenfalls aus Deutschland. Befreundete Nachbarinnen, die die Ferienzeit für einen erweiterten Sommer nutzen wollten. Eva war gross, blond und kräftig gebaut. Heidi war die kleinere von den beiden: dunkelhaarig und von grösserer Ausstrahlungskraft. Lustig plauderten sie auf Raimund ein und Manuel beteiligte sich erheitert an der Diskussion. Sie stellten sich als Freundinnen vor, aber sie umgab der nicht ruhen wollende Eifer zweier sich beständig musternder Rivalinnen.

Es war ein kurzweiliges Geplauder und schon nahte sich die Abendessenzeit, zu der sich das neugefundene Sextett plus ein halb auch sogleich verabredete.

Ein heiterer Abend bei reichhaltigem Essen folgte auf einen ruhigen, aber nicht erfolglosen Tag. Der reichlich fliessende säuerlich schmeckende ägyptische Wein und die ebenso reichhaltig genossene Sonnenhitze liessen sie rasch einschlafen.

3.

Wie geplant ging Manuel am nächsten Morgen gleich nach dem Frühstück zum Volleyballtraining. Seine Frau begab sich mit dem Kleinen zum Strand unter denselben Palmblattsonnenschirm, der sie schon tags zuvor vor den unerbittlich niederbrennenden Strahlen der Wüstensonne geschützt hatte. Ihr war schwindelig und die Säuernis des abendlich genossenen Weines stiess ihr noch immer auf.

Der Kleine drollte sich zu Simone und Raimund, die ihn bei sich willkommen hiessen.

Sie versuchte, in einer Zeitschrift zu lesen, doch es war ein heisser Tag. Sie fragte sich, wie hier wohl der Sommer sein mochte, wenn schon die Aprilsonne dieses Land derartig unbarmherzig unterjochte.

Ihr Blick suchte wieder die Ferne und schweifte über das Wasser. Das Dromedar lag unverändert geduldig ausharrend am Strand gegenüber. Inmitten der Bucht allerdings fiel ihr ein Felsen auf, den sie am Tag zuvor noch nicht wahrgenommen hatte. Er war nicht auffällig, ragte nur ein wenig aus dem Wasser hervor und seine Formen waren unspektakulär. Bequem konnte man ihn ansteuern und sich auf ihrem langen Weg durch die Bucht auf ihm niederlassen. Ein wenig ausruhen, bevor man zum zweiten Teil der Wasserwanderung ansetzte.

Auf ihm tobten drei junge Männer, die offensichtlich ihren Spass hatten. Sie konnten nicht älter als die neugewonnene Freundin des Kleinen sein, die immer noch geduldig mit ihm an einem grossen Loch buddelte, für welches sie eimerweise Wasser holten, um es zu füllen. Ihr seidiges hellblondes Haar glänzte in der Sonne und fiel ihr als ein silbergoldener Wasserfall über die Schultern, während sie konzentriert mit dem Kleinen über die Grube gebeugt dem Verlauf des sickernden Wassers folgte.

Lautes Johlen ertönte vom Felsen her. Eine wilde abenteuerliche Wasserschlacht war im Gange. Die ruhigen, sich beständig um den Felsen herumbrechenden Wellen gerieten aus dem Gleichgewicht.

Das goldene Haar glänzte.

Als Manuel sie zum Mittagessen abholte, hatte sich der Trubel bereits wieder gelegt und das Sandloch die Grenzen seiner möglichen Tiefe erreicht. Das Essen verbrachten sie gemeinsam mit Raimund und Simone.

4.

Er schlenderte durch die Hotelanlage. Seine Frau hatte sich nach dem Mittagessen wieder mit dem Kleinen auf das Zimmer begeben. Manuel langweilte sich ein wenig, war aber froh, dass sie sich so bereitwillig mit den Belangen des Kindes beschäftigte.

Die Mittagshitze brannte herunter und er war auf der Suche nach einem schattigen Plätzchen, an dem er seine Zeitschrift lesen konnte. Das Hotel hatte mehrere Barbereiche und er benötigte nicht unbedingt Ruhe für seine Lektüre. Vielmehr war diese ein Vorwand, um Kontakte anzuknüpfen und ins Gespräch zu kommen. Manuel mochte das Alleinsein nicht. Er brauchte Menschen um sich herum. Am wohlsten fühlte er sich in Gruppen und er besuchte in seiner Freizeit regelmässig Sportgruppen und

Vereine, in denen er dieses Bedürfnis auch ausserhalb der geregelt gegliederten Bürolandschaft befriedigen konnte, die er tagtäglich von Sonnenauf- bis Sonnenuntergang besuchte. Rangabfolgen und Aufgaben mussten klar gegliedert sein, ansonsten fühlte er sich unwohl, wusste nicht, wie er sich einordnen und definieren sollte.

Aus dem grossen Pool, dessen helles Blau von der gleissenden Sonne in einen unbarmherzigen Spiegel verwandelt worden war, schossen unzählige Blitze hervor und machten ihm die Sicht unmöglich. Schützend hielt er sich die Hand über die Augen und lächelte. Sein schweifender Blick hatte entdeckt, wonach er suchte.

Die drei jungen Männer, die am Strand ein paar Schirme weiter ihr Urlaubslager aufgeschlagen hatten, winkten ihm einladend zu. Gerne gesellte er sich zu ihnen, froh, einer einsamen Mittagslektüre entronnen zu sein.

„Hi“, grüsste er in dem betont lässigen Ton, den er beim Kontakteknüpfen mit ihm sportlich erscheinenden Artgenossen an den Tag zu legen pflegte. „Was ist dir denn passiert?“ Kameradschaftlich duzte er den um einige Jahre Jüngeren und deutete auf das große weisse Pflaster, das quer über dessen Stirn prangte.

Dieser versuchte ein verlegenes Grinsen und zuckte schicksalsergeben die Schultern: „Der Fels war stärker ...“

Tosendes Gelächter von seinen Nachbarn folgte und sie berichteten Manuel von ihrer vormittäglichen Wasserrangelei auf dem Felsen in der Bucht, bei der André – so hiess der Verletzte – bei dem Versuch, einen Kopfsprung zu machen und damit diversen Damen am Strand zu imponieren, sich den Schädel gerammt und danach die Stunden bis eben auf der hoteleigenen Krankenstation verbracht hatte.

Das Gespräch war nun im Gange und man stellte sich gegenseitig vor. Manuel erfuhr, dass die drei sehr gepflegt auftretenden Jünglinge – alle zwischen 27 und 29 Jahren alt – für ein namhaftes deutsches Modeunternehmen tätig waren, für das sie bedeutende Positionen im Einkauf bekleideten. Nun, nachdem sie die grosse Fashion Week in Berlin mit ihren unangenehmeren und angenehmeren Strapazen hinter sich gebracht hatten, nahmen sie sich ihre verdiente Auszeit und hatten sich diesen Junggesellenurlaub gegönnt.

Interessiert horchte Manuel auf und offenbarte sich in seiner ebenfalls in der Wirtschaft angelagerten Tätigkeit, im stolzen Bewusstsein um seine höhere Qualifikation und mit aufrichtiger Neugier an den Geschichten der Drei, die in einem weit aufregenderen Tätigkeitsbereich ihr Unwesen trieben, als er es sich zu tun traute.

Er fühlte sich wohl als Kaufmann unter Kaufmännischen und noch wohler, als er sich so ungefähr die Gehaltskategorie vorstellen konnte, in der die drei sich bewegten.

Auch wenn Subtilität sonst nicht seine Stärke war, so hatte Manuel zumindest in diesem einen Bereich über die Jahre geschickt-verschleierte Aushörmethoden entwickelt, um im Verlauf von nicht mehr als einer halben Stunde Smalltalk sein Gegenüber zumindest ungefähr in die richtige Gehaltsklasse einordnen zu können. Oder – wenn es sich dabei um einen sich freimütig mitteilenden Zeitgenossen handelte – sogar die genaue Summe, die dieser verdiente. Umgekehrt jedoch – und darin bestand seine eigentliche Kunstfertigkeit – gab er nicht einmal andeutungsweise etwas von seinen Verhältnissen preis, ohne dass das Gegenüber dies überhaupt registrierte.

Der Dunkelblonde, der der Besonnenste von den Dreien zu sein schien und zuvor den Verletzten mit seiner Tollpatschigkeit vom Vormittag aufgezogen hatte, hiess Christian und schien der stille Anführer zu sein. Der bildschöne Wasserstoffblonde stellte sich als Mirco vor und der – mit Ausnahme seiner unglücklichen Verletzung – betont gepflegt Auftretende mit dunklem Haar nannte sich André.

Freudig besiegelte man die neu geschlossene Freundschaft mit drei Weissbieren für die Blondlinge und einer Cola für den Dunklen, der die Neckereien der anderen hochmütig, aber mit gekonnt zurückgegeben Schlagabtauschen konterkarierte.

So scherzte und lachte man, bis die Uhr über der Bar vier Uhr am Nachmittag anzeigte. Sie beschlossen sich zu trennen, um wieder ihre Liegen am Strand einzunehmen und sich gegebenenfalls am Abend wiederzusehen.

5.

Beschwingt machte sich Manuel auf den Weg zurück zum Hotelzimmer, um nach seiner Frau und dem Kleinen zu sehen und ihr von seinen neuen Bekanntschaften zu erzählen.

Sie waren nicht mehr da.

Auf dem Schreibtisch lagen ihre Unterlagen – ihr Tagebuch, in das sie regelmäßig schrieb, lag dort.

Er ging hin und öffnete es. Kurz hatte er gezögert. Aber als Eheleute sollten sie keine Geheimnisse voreinander haben, fand er. Und auch sie hatte ja, als sie im ersten Jahr ihrer Beziehung standen, einmal in den alten Briefen geschnüffelt, die ihm ihre Vorgängerin geschickt hatte.

Reumütig hatte sie es ihm gestanden. Sie sei eifersüchtig gewesen. Hätte Angst gehabt, ihm nicht zu genügen. Ihn zu verlieren.

Es hatte ihn nicht wirklich gekratzt: Sollte sie den alten Kram doch lesen. War ja sowieso nicht von Belang gewesen, diese Beziehung. Die Freundin hatte tolle Torten backen können, aber ansonsten war sie viel zu beschäftigt mit ihrem Studium und ihren Eltern gewesen. Für ihn, seinen Sport und seine anderen Interessen hatte sie nichts übriggehabt – war immer mit muffigem Gesicht daneben gesessen. Das hatte er nicht brauchen können.

Seine Frau war da anders gewesen. Sie hatte von Anfang an Interesse an seinem Leben gezeigt – dazu selber kaum Familie, Hobbies oder sonstige Verpflichtungen mitgebracht. Sie hatte sich problemlos in seinen schon seit Schulzeiten bestehenden Freundeskreis integriert und war sehr schnell in den häuslichen Aufgaben ihres Paarlebens aufgegangen. Hatte gekocht und die Wäsche übernommen, die zuvor noch seine Mutter für ihn gemacht hatte.

Deswegen hatte er sich in sie verliebt. Sie schien die engagierte unterstützende Frau zu sein, wie er sie sich für sein Leben vorstellte, damit er sich voll und ganz auf seine Arbeit konzentrieren konnte.

Sein Blick schweifte über ihre gleichmässige Handschrift und blieb an einem Absatz hängen, den sie rot markiert hatte.

„Lasst uns aufeinander achten und gemeinsam die Taten der Liebe leben.“ (Hebräer 26,10-13)

Er kannte nicht viele Zitate aus der Bibel. Klar, er sah sich als Christ und er betete auch hin und wieder bei Bedarf und Anlass, wie es ihm seine streng katholische

Mutter von klein auf beigebracht hatte. Aber diesen Spruch kannte er:

„Lasst uns aufeinander achten und gemeinsam die Taten der Liebe leben.“

Es war ihr Trauspruch. Ein grosses rotes Fragezeichen hatte sie dahinter gesetzt.

Irritiert schüttelte er den Kopf: Was sollte das Fragezeichen? An wen war es gerichtet? An ihn etwa?

Er nahm seine Aufgabe doch sehr ernst. So, wie er jede Aufgabe, die er übernommen hatte, stets ernst nahm.

Er versorgte sie gut – seine Frau und ihren gemeinsamen Sohn. War spendabel, wenn es die Kasse zuliess. Investierte in die Zukunft. Hatte ihnen erst im letzten Jahr ein Haus gebaut. Sich mit Bauträger und Architekten herumgeschlagen, die seinen genauen Vorstellungen der Elektroinstallation immer wieder Steine in den Weg geworfen hatten.

Den mindesten Beitrag, den sie dafür leisten konnte, war ja wohl gewesen, die Handwerker ins Haus zu lassen, aber auch das hatte sie irgendwann verweigert. Hatte immer mehr über Schwäche zu klagen begonnen und diese seltsamen Atembeschwerden, für die kein Arzt eine Erklärung finden konnte.

ER lebte die Taten der Liebe, die er versprochen hatte!

Sollte SIE sich doch mal genauer dahingehend prüfen mit ihren Allüren, die sie in den vergangenen Monaten mehr und mehr an den Tag gelegt hatte! Die Hausarbeit sprach auch nicht gerade von Sorgsamkeit, dabei verlangte er ja nicht einmal das von ihr, was seine Mutter immer geleistet hatte. Die hatte sich nie so gehen lassen.

Und dann diese wilden Ideen, die sie, seit sie zu dieser Seelentante ging, immer mit nachhause brachte!

Er war sowieso dagegen gewesen, sich so die Beamtenstelle zu gefährden. Aber nachdem ihn sogar die Kinderärztin besorgt nach dem Zustand seiner Frau gefragt hatte, musste man ja zwangsläufig reagieren. War ja sowieso schon raus.

Seiner Meinung nach sollte sie sich einfach ein wenig mehr zusammenreissen und nicht aus jeder Mücke einen Elefanten machen. Vor allem, wenn das ihrer beider finanzieller Zukunft zum Wackeln brachte.

Naja, vielleicht bringt diese Frau sie irgendwann zur Vernunft. Zeit dafür wird es. Dann war dieser Schritt zumindest nicht ganz unrentabel.

Manuel seufzte. Er tat doch alles für sie und den Kleinen! Nicht zuletzt war ja auch er derjenige gewesen, der diesen Urlaub für sie herausgesucht und geplant hatte. Während sie unter den paar Stunden, die sie wöchentlich in der Schule unterrichtete, zusammenzubrechen schien.

Noch einmal schaute er auf die Tagebuchzeilen und schnaubte beim Anblick des Fragezeichens.

Verärgert klappte er das Buch zu, schnappte sich sein Strandtuch und begab sich zum Strand. Es wurde mal wieder Zeit, dass er ein paar klare Worte mit ihr sprach!

6.

Es war eine seltene Gelegenheit, die sie erhielten, als Raimund und Simone sich anboten, den Kleinen für ein paar Stunden am frühen Abend zu beschäftigen. Der Kleine hatte sie ins Herz geschlossen und begonnen, Raimund, den sie ja seit ein paar Tagen regelmässig am Strand trafen, Opa zu nennen. Simone hatte laut aufgelacht und Raimund – der zunächst pikiert aufschaute, nahm es dann doch als das aufrichtige Kompliment eines kleinen Jungen, der ihn ins Herz geschlossen hatte, an.

Nun sassen sie da – Manuel und seine Frau – im elegantesten Restaurant, das das Hotel zu bieten hatte. Die Hitze des Tages begann, sich ein wenig zu verflüchtigen, aber es war immer noch drückend heiss. Er wischte sich den Schweiss von der Stirn. Viele Themen schwebten in der Luft, die sie in den vergangenen Monaten gestreift hatten und die er wahrnahm als bedrohliche Damoklesschwerter. Manuel war stolz auf diese von ihm gefundene Metapher, die er seitdem für alles verwendete, was sein Ordnung liebendes Weltbild aus der Bahn zu werfen drohte.

Die Gebildete von ihnen beiden war eigentlich seine Frau. Aber er liebte es, sich hin und wieder eine intellektuelle Floskel herauszupicken, um sich damit einen akademischen Anstrich zu verleihen.

Schweigend sassen sie sich gegenüber. Ihre Blicke schweiften über den Strand, während Manuel die Essenskarte studierte und den teuersten Weisswein für sie bestellte.

Er liebte es, gut zu essen und zu trinken, und war grosszügig bei solchen Gelegenheiten und im Stillen lobte er sich dafür.

Ihr Blick blieb an dem hechelnden Dromedar hängen, das auf der anderen Seite der Bucht immer noch auf die mitunter auftauchenden Touristen wartete. Sie spürte Mitleid.

Mutig wagte es gerade ein dreijähriger Junge, sich im Schutze seines Vaters dem friedlichen Tier zu nähern. Manuel sah von der Karte auf und begann ein Gespräch über den Tag und über die Menschen, die sie am Strand und im Hotel kennengelernt hatten. Belanglosigkeiten.

Simone und ihr Vater seien nett – auch wenn er durchaus für Unruhe unter den beiden mittelälteren Damen Heidi und Eva zu sorgen schien, die sich als Freundinnen in einem Zimmer eingemietet hatten. Auch die Zimmer seien schön und der Meerblick zum Glück ausgezeichnet.

Sie wandte ihm den Blick zu und versuchte, auf seine Themen einzugehen. Es waren leichte Gesprächsthemen, die Manuel immer anschlug und früher hatten sie sie oftmals ein wenig von ihrer Schwermut ablenken können.

Still beobachtete sie ihren Mann, während sie plauderten – Konnte es wirklich sein, dass ihn diese Themen so sehr interessierten? Taten sie es, weil er sich beständig mit diesen anderen Menschen verglich? Spielten die anderen wirklich eine so bedeutende Rolle in seinem Leben? Eine Falte lag auf ihrer Stirn. Manuel registrierte sie nicht.

Das Essen kam. Sie hatten Meerestiere – beide liebten sie alles, was aus dem Meer kam. Es war eine ihrer wenigen Gemeinsamkeiten. Die Auswahl der verschiedenen Meerestiere, die vor ihnen lagen, war vielfältig und mit ein paar Worten würdigte er die geschmackvolle Zubereitung.

Sie schwieg. Während des Essens spürte sie langsam wieder ein wenig Leben in sich aufkommen. Es war eine harte Zeit gewesen – die letzten Jahre.

Sie hatte zwei Staatsexamina mit Bestnoten abgelegt und zwischendrin den Kleinen bekommen. Ihr ganzes gemeinsames Glück. Sie hatte unterbrechen müssen und war dann, als er vierzehn Monate alt war, wieder in die Schule zurückgegangen, um ihre Ausbildung zu beenden.

Beides hatte sie voll beansprucht. Es hatte sie zerrissen, die Wochenenden kaum bei ihrer Familie sein zu können, weil sie so viel vorbereiten musste. Manuel hatte sich für die Zeiten, in denen sie Unterricht planen und nachbereiten musste, um den Kleinen gekümmert. Sie war hin und her gesprungen zwischen ihren beiden Leben. Hatte sich immer wieder gesagt, dass sie nur durchhalten müsse … immer wieder … Nur durchhalten.

Sie hatte durchgehalten. Irgendwie. Mehr aber auch nicht.

Manuel fragte etwas – irritiert blickte sie auf.

„Hier kann man sich doch gut erholen, oder?" – Wiederholte er seine Frage.

Sie versuchte ein Lächeln und nickte.

Wohlig räkelte er sich. Der Abend hatte eine angenehmere Temperatur entwickelt als der Tag.

„Ich habe mich gestern Abend länger mit den drei Einkäufern unterhalten. Christian ist für den kompletten Einkauf seines Unternehmens in Europa verantwortlich." Manuels Stimme nahm jenen Ton der Bewunderung an, den er immer bekam, wenn er einem beruflich erfolgreichen Menschen begegnete und in dessen Wahrnehmungskreis kam. Stolz erfüllte ihn.

„Sie haben dir ein Kompliment gemacht." Erstaunt blickte sie auf.

„Sie sagten, dass ich ja wirklich eine hammerscharfe Frau habe."

Er blickte sie an.

Sie lachte auf: „Das ist ja wohl eher ein Kompliment für dich, oder? Und ich bin hier ja auch fast die einzige Frau in unserem Alter."

Manuel errötete leicht: „Aber ich finde das auch."

„Früher fandest du das nicht, in unserer ersten Zeit, als wir uns kennenlernten ..."

„Naja, da warst du ja auch noch nicht so wirklich sexy!"

Da war er wieder – der Stachel.

Sie blickte wieder über die Bucht.

Er nahm einen Schluck Wein und lehnte sich in seinem Stuhl zurück. Jetzt sah er die Zeit für gekommen:

„Ich möchte das nicht, das mit der offenen Beziehung. Ich denke, dass wir hier einen schönen Urlaub haben werden. Und es ist doch gut, dass wir hier hingefahren sind. Auch wenn du ja keine Hotelurlaube magst. Aber das hier ist doch ein schönes Hotel und hier kam bisher auch erst einmal der Putzservice zu früh ins Zimmer. Ausserdem haben wir erst Anfang April und da muss man so weit weg fahren, wenn man es warm haben will. Und nach diesem langen und grauen Winter ist das doch hier wirklich das Beste, was man tun kann. Ich habe mit Richard in der Arbeit gesprochen und er und seine Frau haben das auch so gemacht."

Da war sie wieder – eine seiner langatmigen Argumentationsketten, mit denen er sich trocken und wortreich über ihre Wünsche und Befindlichkeiten hinwegsetzte.

In ihrem Wunsch aufzubegehren hatte sie einmal gesagt, dass sie sich eine offene Beziehung vorstellen könne. Mittlerweile hatte sie aufgegeben zu rebellieren – aber zumindest das hatte er sich anscheinend gemerkt. Diese eine bescheuerte Sache unter all den Dingen, die sie anders brauchte, um sich in ihrem Leben endlich wieder wohlfühlen zu können. Diese eine bescheuerte Sache: Sie hatte sie nur zum Trotz gesagt. Sie begehrte schon lange nicht mehr auf.

Sie blickte noch immer über die Bucht. Er sah sie an. Als sie merkte, dass er schwieg, wandte sie ihm wieder ihren Blick zu.

Er fuhr fort.

„Das mit dem Esstisch ist ok. Wir können ihn kaufen. Und ausserdem hat Richard auch gesagt, dass ein antiker Esstisch ja sowieso schon Löcher habe. Den kann man sich also auch mit Kindern anschaffen, auch wenn er teurer ist."

Sie versuchte ein Lächeln und nickte. Wer zum Teufel war jetzt wieder Richard? Sie hatte die Hoffnung, dass er nun fertig war mit seiner Rede, aber seine Wortsalven waren noch nicht beendet.

„Aber ich finde schon", fuhr er fort, „dass du die Freitage jetzt endlich dazu nutzen solltest, um auch wirklich das Haus zu putzen. Dafür hast du ja den einen freien Tag, an dem du nicht in der Schule arbeitest."

Sie sank zusammen. Blickte weg.

Da war sie wieder diese Beklemmung in der Brust. Wie zugestopft. – Sie rang nach Atem.

„Und ich brauche nun mal ein ordentliches Haus, um mich wohlzufühlen. Ich möchte, dass du das Haus in Ordnung bringst, damit wir dann am Wochenende etwas gemeinsam unternehmen können. Allerdings müssen wir dann manchmal auch ein wenig früher aufstehen. Denn wenn wir zum Beispiel an den Badesee fahren, stehen wir sonst im Stau und bekommen keinen Parkplatz mehr."

„Aber wir haben doch bisher immer einen bekommen", sie versuchte einen Einwand.

„Ja, schon. Aber so ist es sicherer."

Sie schwiegen.

„Und was deine Kreativität betrifft. Die kannst du doch ausleben. Das ist doch überhaupt kein Problem für mich. Ich möchte nur nicht, dass du einfach so Löcher in die Wand bohrst und irgendwelche Bilder aufhängst oder Schränke umstellst, ohne mich zu fragen. Das sieht sonst nicht schön aus und ich möchte das gerne vorher besprechen.“

Manuel setzte erneut an. Er war gut in Fahrt und hatte beinahe alle Damoklesschwerter beseitig. Nur bei einem war er sich noch nicht sicher. Sie sollte das wirklich verstehen:

„Ich denke, dass uns dieser Urlaub guttut. Du kannst hier wieder zu Kräften kommen und du isst ja auch schon wieder viel besser. Und schau, wie attraktiv du jetzt wirkst. Ich finde dich jetzt auch viel attraktiver. Viel sexier ... Aber das mit einer offenen Beziehung möchte ich nicht ... Das ist nicht meine Einstellung zur Ehe. In einer Ehe kann es nur zwei geben.“

Sie sah ihn an und nickte. Gab es wirklich zwei?

Das Atmen fiel ihr schwer. Ihre Innereien schienen verstopft. Als hätte sie einen Sack trockener, gestampfter Kartoffeln gegessen. Die Meeresfrüchte begannen, in der Enge zu rebellieren.

Sie schwieg.

Er nahm es als Zeichen ihrer Zustimmung. Wie immer.

7.

Später war sie im Badezimmer und duschte sich den klebrigen Schweiss des Abends vom Körper. Der Kleine schlief bereits und sie versuchte diesen seltenen Moment der Ruhe zu geniessen. Das lauwarme Wasser lief ihren Körper hinunter Sie blickte ihm nach, wie es in einem kleinen Strudel in den Abfluss tanzte.

So, seit neuem war sie also attraktiv. Nicht nur das – sondern sogar „hammerscharf“.

Hatte es zehn Jahre gebraucht und ein paar

lebenslustige Grünschnäbel, die er erst seit zwei Tagen kannte, um ihm diesbezüglich die Augen zu öffnen? Andere hatten schon immer eine grosse Wirkung auf ihn gehabt. Oftmals vollkommen Fremde für sie.

Sie stellte den Wasserhahn ab und rieb sich mit dem Handtuch trocken. Dabei betrachtete sie sich im Spiegel. Sie hatte doch schon immer so ausgesehen. War schon immer schlank gewesen – gut geformt. Und ihre Augen waren schon immer so dunkel gewesen.

Aber Manuel hatte sie nicht „sexy" gefunden. Als sie ihn einmal danach fragte, ob er sie attraktiv fände, war seine Antwort „Naja, wie ein Topmodel siehst du ja nicht aus" gewesen. Das war der erste Stachel. Sie hatte nicht mehr gefragt.

Als besonders lustvoller Mann hatte er sich nie gezeigt – hatte aber auch anderen Frauen nicht merklich hinterhergestarrt oder war ihnen nachgestiegen. Darüber war sie froh. Sie hatte nie einen Mann wie ihren Vater gewollt. Vier Kinder von vier verschiedenen Frauen. Sie selber hatte ihn erst mit achtzehn Jahren kennengelernt. Sie hatte keinen dieser schrecklichen Männer gewollt, für die jede attraktive Frau automatisch zum Beuteobjekt wurde, sobald sie in ihr Blickfeld rückte. So wie diese drei Grünschnäbel.

Allerdings hatten sie das Wunder fertiggebracht, dass sie sich zum ersten Mal in ihrem Leben als Frau wahrgenommen fühlte.

Sie fühlte sich leer und zugestopft zugleich. Seit Monaten ging das nun schon so.

Wo war das Glück? War es je dagewesen?

Sie solle sich auf das besinnen, was nur sie beide hätten, auf ihre Liebe. Das hatte die Therapeutin gesagt, zu der sie gegen seinen Willen gegangen war.

Das war nun ein halbes Jahr her. Seitdem überlegte sie. Es fiel ihr nichts ein.

War es seine Sorge um seine Eltern, die regelmässig in ihr kleines Familienleben einbrachen, um seine Zeit und Hilfe zu beanspruchen, war das ihr Gemeinsames?

War es der Haushalt, der nicht nach seinen Vorstellungen flutschte. Die nicht gebügelten Hemden. Das neue Angebot im Lebensmitteldiscounter … War das ihres?

Das neue Haus und seine Sorgen wegen der Heizungsanlage, dem Schneefang, dem Rasen und dem ersten Kratzer im teuren Echtholzparkett …?

Seine Pläne und genauen Vorstellungen, wie ihr Leben als Familie auszusehen habe …?

Der Kleine, ja der war ihres. Und Manuel liess sich täglich ausführlich Bericht erstatten, nachdem sie den Kleinen ins Bett gebracht und er die Tagesschau beendet hatte. Manuel selber war nach der Arbeit immer zu erschöpft, um sich um seinen Sohn zu kümmern.

Sie griff nach dem Zahnputzbecher und ihr Blick fiel auf den goldenen Ring an ihrer Hand. Wie glücklich war sie gewesen damals! Er hatte sie tatsächlich heiraten wollen. Der tolle Manuel, in den sie sich so unsterblich verliebt hatte. Ein solider, zuverlässiger, treuer Mann! Wie stolz war sie gewesen, seine Erwählte zu sein. Eine glückliche, glänzende Zeit war es gewesen damals. Die Zeit der erfüllten Träume? Das Gold des Ringes blitzte nicht mehr. Der Gebrauch im Alltag hatte ihn abgeschliffen. Der feine Sand des ägyptischen Strandes noch mehr.

Sie hörte ein Geräusch aus dem Zimmer und hielt erschrocken inne: War der Kleine wieder wach? Aber nein, sie hatte sich geirrt. Manuel hatte die Zeitung beiseitegelegt – deswegen das Rascheln.

Sie atmete auf und öffnete die Zahnpastatube, zog den feinen weissen Schlauch auf die Borsten ihrer Zahnbürste. Dann begann sie zu putzen. Langsam und gründlich. Sie hatte keine Eile ... Wollte nicht zurück ins Zimmer.

Da ging die Tür auf. Er hatte nicht angeklopft. Es war ihm zur Gewohnheit geworden und ihre vielen Bitten hatten ihn davon nicht abbringen können. Zum Schluss hatte sie begonnen, ihn anzubrüllen. Das irritierte ihn. Auch hier hatte er stundenlange Diskussionen begonnen. Sie schämte sich für ihren Ausbruch. Sie wollte nicht brüllen! Sie schloss die Tür weiterhin nicht ab.

Manuel kam herein. Durch ihr Nicken am Abend nach seiner Rede empfand er seine Welt wieder vollständig ins Recht gerückt.

Er sah sie nackt vor dem Spiegel stehen. Das erregte ihn. Von hinten schmiegte er sich an sie. Sie spürte seine Kraft – sie hatte keine mehr. Sie putzte weiter ihre Zähne.

Er drängte sich an sie. Sie liess es geschehen. Er wurde fordernder und drang in sie ein.

Als sie aufsah, erblickte sie die fremde Frau im Spiegel, an deren Hinterteil ein Koloss klebte.

Die Meeresfrüchte in ihrem Magen rebellierten. Vernebelt blickte sie in das Waschbecken vor sich.

Und erbrach.

8.

Am nächsten Morgen klagte sie über Kopfweh und blieb auf dem Zimmer.

Manuel ging mit dem Kleinen zum Frühstück und nahm ihn mit zum Beachvolleyballtraining. Darauf wollte er nicht verzichten. Schliesslich hatte er es sich vorgenommen.

Sie war oft krank, seitdem sie ihre Ausbildung als Lehrerin beendet hatte. Klagte beständig über Atemnot. Wurde immer dünner. Er mochte ja schlanke Frauen – aber bei ihr ging das langsam zu weit, fand er.

In der ersten Hälfte des Referendariats war sie schwanger geworden. Das war so nicht geplant gewesen, aber Manuel hatte es trotzdem als nicht allzu weitab seines Planes empfunden, waren sie ja immerhin schon seit drei Jahren verheiratet.

Die Steuerersparnis durch diese Heirat war ihnen sehr zugute gekommen und sie hatte so ihren Studienabschluss machen können, um danach ihre Ausbildung als Lehrerin an der Schule fortsetzen zu können. Ansonsten hatte sie ja nicht viel in die Ehe mit eingebracht.

Das Geld kam nahezu alles von ihm. Mit ihrem kleinen Referendariatsgehalt kam man ja nicht weit. Diesen Urlaub hätte sie sich ohne ihn nie leisten können.

Dann hatte sich der Kleine angekündigt. Beide hatten sie sich gefreut. Sie hatte über ein Jahr zuhause bleiben können, aber ihre Kräfte waren schon damals schwächer geworden.

Dann das Referendariat. Er wusste, dass das happig war. Viele der Mädchen aus seinem langjährigen Freundeskreis waren Lehrerinnen geworden und hatten geklagt. Schon ohne Kind.

Aber seine Frau war sehr intelligent. Das war ihr größter Bonus – sie würde das schaffen. Ihre Aussichten auf eine Verbeamtung standen sehr gut.

Manuel hatte sich das ausgerechnet. Die Chancen standen gut auf ein weiteres stabiles Einkommen neben seinem Job in der Wirtschaftsbranche.

Sie liebte ihn, das wusste er. Sie war eine gute Investition.

Dann war sie krank geworden. Aber das lag jetzt immerhin schon über ein Jahr zurück.

Es wurde Zeit, dass sie sich berappelte ... obwohl ... etwas schwächlich war sie eigentlich schon immer. Dieser Risikofaktor war ihm stets bewusst gewesen.

Naja, jetzt konnte sie sich ja erholen. Immerhin hatte er alles dafür getan. Hatte ihnen ein erstklassiges Hotel herausgesucht in einem Land, das bereits im April hochsommerliche Temperaturen aufweisen konnte. Dazu war es noch unverhältnismäßig günstig, da das Gebiet zurzeit als „Krisengebiet" galt. Aber er hatte sich erkundigt: Das Fremdenverkehrsamt hatte die Reisen hierher noch nicht als bedenklich eingestuft.

Er war sehr stolz darauf, so gründlich gesucht und verglichen zu haben und beglückwünschte sich wiederholt zu seinem Erfolg.

Dass der Kleine nicht in die Kinderbetreuung wollte, ärgerte ihn ein wenig. Aber dieser hatte sichtlich Spass am Zusehen und sammelte bereitwillig die fehlgeleiteten Bälle ein. Manuel war beruhigt, sein Spiel weitestgehend störungsfrei spielen zu können.

Ab Mittag wäre sie hoffentlich wieder schmerzfrei und kann die Betreuung wieder übernehmen. Und wenn sie Lust hätte, könne sie ja an diesem Abend einmal etwas Spass haben und länger draussen bleiben. Mit Simone schien sie sich gut zu verstehen und diese konnte etwas Unterstützung in Liebesdingen gut gebrauchen. Er hatte doch gesehen, dass da zwischen ihr und dem attraktiven Mirco irgendetwas im Gange war!

Seine Frau konnte gut zuhören und er war gespannt, was sie wohl berichten würde.

9.

Am Abend besuchten sie eine vom Hotel ausgerichtete Show. Es wurden Songs aus verschiedenen Musicals gegeben und die Animateure taten ihr Bestes, um die gut zahlenden Gäste bei Laune zu halten. Manuel liebte solche Anlässe und er hatte ihnen mit Simone und Raimund Plätze bei den jungen Einkäufern organisiert. Der Kleine war auch dabei und schaute mit grossen Augen auf das Spektakel vorne auf der Bühne.

Simone und Mirco zeigten offensichtliches Interesse aneinander und Manuels Frau gab ihr Rückendeckung, indem sie zwischen den beiden sass. In den Pausen der Darstellung nahmen sie Kontakt auf und auch der Dunkelhaarige mit dem großen weissen Pflaster auf der Stirn – André – beteiligte sich daran.

Manuel fachsimpelte weiter mit Raimund und nahm aus den Augenwinkeln das vierblättrige Kleeblatt wahr, dass sich um und mit seiner Frau gebildet hatte. André war derjenige gewesen, der sie als „hammerscharf" bezeichnet hatte. Zeigte er etwa Interesse? Naja, sicherlich hatte er übertrieben.

Sie war zwar attraktiver geworden in den letzten Monaten, aber so attraktiv nun auch nicht, dass ein beinahe zehn Jahre jüngerer Mann ernsthaftes Interesse an ihr haben könnte. Das konnte er sich nicht vorstellen. Zudem war sie ja verheiratet – und hatte ein kleines Kind. – Mit ihm!

Zwar war Manuel schon stolz darauf, dass seine Frau nun mehr aus sich machte, aber insgeheim hatte er eigentlich nie eine so attraktive Frau haben wollen. Er bevorzugte Häuslichkeit – und Berechenbarkeit. Er wollte nicht dauernd aufpassen müssen, dass ein anderer Mann in seinem Revier wilderte. Das bedeutete nur Stress und mehr Aufmerksamkeit von seiner Seite. Aber er vertraute ihr ... Skeptisch blinzelte er von der Seite zu ihnen herüber.

Erst gestern hatte er ihr seinen Standpunkt klar gemacht und er erwartete, dass sie darauf Rücksicht nahm. Bisher hatte sie sich noch immer leicht von ihm überzeugen lassen und sich als zuverlässige Frau gezeigt, der sein Wohl etwas bedeutete. Warum sollte sich das jetzt geändert haben?

Er konzentrierte sich wieder auf seinen Plausch mit Raimund.

Als der Kleine quengelig wurde, sah er erneut zu seiner Frau. Diese amüsierte sich offensichtlich. Sie hatten vereinbart, dass heute einmal er mit dem Kleinen früher gehen würde. Die Abende davor war immer sie gegangen. Sie schien sich offensichtlich noch an die Vereinbarung zu erinnern ...

Manuel seufzte und erhob sich.

„Na, dann werde ich mal ...", betont blickte er in die Runde.

Sie lächelte ihn an, gab dem Kleinen einen Kuss: „Gute Nacht, mein Kleiner!"

Er sprach noch ein paar betont fröhliche Worte in die Runde – wollte nur zögerlich gehen. Vielleicht kam sie ja doch zumindest mit, wenn sie schon nicht anbot, den Nachtdienst für ihn zu übernehmen. So hatte sie es öfter getan. Eigentlich hatte unwilliges Zögern von seiner Seite immer gereicht ... Heute offensichtlich nicht.

Missmutig nahm er den Kleinen auf den Arm und ging, nicht ohne ihr vorher noch ein betont grosszügiges „Viel Spass noch!" zuzurufen.

Sie nahm es kaum wahr und wandte sich wieder ihrem Gesprächsvierblatt zu.

Simone flirtete ausgiebig mit Mirco.

André hatte sich ihr zugewandt. Endlich hatte er sie für sich allein.

Angeregt unterhielten sie sich. Er war stolz darauf, vor ihr mit seinen Erlebnissen auf diversen Fashionweeks strahlen zu können. Sie war offensichtlich angetan davon.

Bei den meisten Frauen kam er damit gut an, aber bei ihr war er sich nicht so ganz sicher. Immerhin war sie Lehrerin und sie strahlte eine tiefe Form von Bildung aus, die ihn beeindruckte, allerdings auch etwas abschreckte. Eigentlich bemühte er sich ausschliesslich um Frauen, deren Bewunderung er sich sicher sein konnte. Berechenbare und oft hochattraktive Mädchen, die irgendwelche Hostessenjobs auf den Fashionweeks machten, um den lockenden Duft der Modewelt riechen zu dürfen.

Die rumzukriegen war ein Leichtes für ihn. Scharenweise erlagen sie ihm in seiner Funktion als einflussreicher Einkäufer. Zumindest liess er sie das glauben.

Und André genoss dieses Leben in vollen Zügen: Er liebte seinen Job! Die Führungsposition, das Reisen, die Anziehung, die das Metier der Mode auf die Frauen ausübte ... Herrliche Freiheit!

Und selbstbewusst nahm er sich jeden Vorteil, den seine berufliche Welt ihm auch im Privaten bot. Eigentlich gab es für ihn keine Trennung dieser zwei Bereiche. Auch sein Freundeskreis bestand grösstenteils aus Leuten, die ihm im Beruf begegneten – Mirco und Christian waren enge Kollegen von ihm.

Aber André langweilte sich zu Tode in diesem Urlaub mitten in der ägyptischen Pampa. Worauf hatte er sich da nur eingelassen!

Er hatte sich mehr davon versprochen. Viel mehr! Christian und Mirco waren lustig, klar! Aber hier war absolut nichts los. Nur Familien mit Kindern – spiessig und öde. Diese Simone war sehr attraktiv, ja, aber offensichtlich an Mirco interessiert und auch nicht wirklich sein Fall. Ausserdem war Mirco sein Freund. Und da verbat es allein schon die Ehre ... Naja, zumindest so lange der Druck nicht allzu gross wurde.

Ansonsten war es hier frauentechnisch echt mau. Dazu noch seine offensichtliche Unglückssträhne – der Unfall am Felsen ... Wieder spürte er da dumpfe Pochen an der Stirn. So ein verdammter sch... Urlaub!

Und jetzt auch noch diese Frau! Sie war unglaublich! Gutaussehend, charmant. Und sie hatte eine Ausstrahlung, die ihm so zuvor noch nie begegnet war.

Erstaunlich leicht liess auch sie sich von ihm mit seinen Modegeschichten beeindrucken, aber ihre Kommentare waren ungewohnt tiefgründig, ihre Fragen erstaunlich konstruktiv und von einem feinen Gefühl für Stil geprägt. Sie hätte eigentlich auch eine Kollegin sein können – keine Einkäuferin, aber vielleicht eine Stylistin, die mit ihm den Plot für eine neue Fotokampagne besprach.

Und dann diese unglaubliche Anziehung, die sie auf ihn ausübte. So etwas passierte selbst ihm nicht allzu oft!

Das Pochen auf der Stirn liess ihn wieder zusammenzucken. Mit einem gequälten Lächeln wandte er sich ihr wieder zu: „Magst du noch einen Drink?"

Es waren beschissene Standardfragen und -sprüche, das wusste er. Aber sie zogen fast immer. Zum Glück auch bei ihr.

Sie nickte und er erhob sich. Er hatte sich gemerkt, was sie mochte, und holte es ihr ein weiteres Mal. Er kannte diese kleinen Tricks der Aufmerksamkeiten, die Frauen sofort registrierten.

Sie strahlte ihn an, als er zurückkehrte.

Es wirkte! Freudig überrascht liess er sich neben ihr nieder. Sie war gebildet – aber sie war zum Glück auch eine ganz normale Frau von einem Kaliber, mit dem er umzugehen wusste.

Entspannt lehnte er sich nun in seinem Sitz zurück und gab immer selbstbewusster den Lebemann, den er souverän zu spielen wusste und in dessen Rolle er sich am wohlsten fühlte.

Simone und Mirco sassen zwar noch neben ihnen, waren aber komplett von ihrem eigenen Flirt vereinnahmt. Sie nahmen weder André noch seine verheiratete Gefährtin wahr.

Der freie Abend war im Gange und plätscherte nun leichtfüssig vor sich hin. Zum ersten Mal seit langem spürte sie wieder diesen Hauch von Freiheit. Die Freiheit eines ungeplanten und unkontrollierten Daseins. Jene Freiheit, die ihr, bevor Manuel in ihr Leben getreten war, oft solche Angst gemacht hatte.

Jetzt genoss sie sie und spürte, wie sich wieder Lebensatem in ihre Lungen pumpte.

Erst früh am Morgen kehrte sie ins Hotelzimmer zurück.

10.

In der Nacht hatte grosse Aufregung geherrscht. Die beiden Freundinnen hatten getobt, geschrien und sich mit den wüstesten Bezeichnungen gegenseitig die Hölle an den Leib gewünscht. Gegenstände waren geflogen, die grosse Blonde war von der fülligen Dunklen sogar verletzt worden. Ein tiefer blutiger Kratzer zog sich entlang ihres Unterarms.

Das Hotelpersonal hatte das Zimmer öffnen müssen, da man in höchster Sorge um das Ausmass der zwischenfreundschaftlichen Ausschreitungen gewesen war.

Die Dunkle hatte gerade den Arm der grossen Blonden fest zwischen ihren rosapastellfarbenen Krallen eingequetscht.

So fand man sie. In ihrer Position erstarrt. Die hasserfüllt-verzerrten Fratzen ineinander verklebt.

Manuel war der glückliche Überbringer dieser Sensation, die den im monotonen Gleichmass der Tage vor sich hinplätschernden Abläufen eine willkommene Abwechslung brachte.

Selbst Hotelgäste, die nicht in die engere Runde des um ihn zusammengescharten Grüppchens gehörten, waren aus ihrem Hitzeschlummer erwacht und bekundeten neugieriges Interesse.

Manuel selber erzählte die Story im gedämpft-erhabenen Duktus des verdeckten Ermittlers. Sich betont süffisant-amüsiert zeigend ob seiner Bewertung dieser Sache als hysterisches Frauengehabe, an dem ein Mann sich nur aus der Vogelperspektive erlaben, aber keine wirkliche Anteilnahme aufbringen konnte. Anteilnahme nicht – aber sensationslüsternes Interesse und die Gelegenheit, sich als Sammler aller zu erhaschenden Details und als Berichterstatter eine bedeutsame Rolle zu ergattern.

Am Frühstückstisch war er noch missmutig darüber gewesen, dass seine Frau erst so spät zurückgekehrt war und immer noch schlief. So war er mit dem Kleinen alleine zum Frühstück gegangen, wo er schliesslich mit der Nachricht über den Freundinnenstreit und sämtlichen Details darüber von Barbara und dem Hotelpersonal, das beim Öffnen der Tür anwesend gewesen war, aus erster Hand entschädigt worden war.

Schnell sprach sich herum, dass Manuel der am besten Informierte über diese Sache war und zudem bereit, die Geschichte jedem in ihrer gesamten Vollständigkeit zu wiederholen, der sein Interesse daran kundtat.

Die abgeschottete Leere, in der sich sein emotionales Innenleben ansonsten befand, füllte sich auf in dieser Rolle und gab ihm ein Gefühl von Wichtigkeit, wie er es gelegentlich in der gleichmäßig geplanten Monotonie seines selbstverwalteten Lebens brauchte. Hin und wieder durch ein solches Fremdereignis aufgeweckt konnte er sich wieder das Glück seines eigenen geregelten Daseins vor Augen führen und erfüllt von der genugtuenden Gewissheit, für sich die richtige Lebensweise gewählt zu haben, dahin zurückkehren.

Er war sich sicher, alles im Griff zu haben. Auch die Streits der vergangenen Monate mit seiner Frau hatte er schliesslich dank seiner Beharrlichkeit in seinen Ansichten irgendwann im Keim ersticken können und sie war wieder ruhig geworden. Seine Position zu den verrückten Ideen, die sie jedes Mal von ihrer Therapeutin mit nachhause brachte, hatte er ihr schließlich erst vor zwei Tagen bei ihrem romantischen Dinner deutlich gemacht.

Während er von dem katastrophalen Chaos, das die beiden Damen in ihrer eifersüchtigen Hysterie in der letzten Nacht verursacht hatten, berichtete, fühlte er sich immer sicherer und zufriedener über den planvollen Verlauf seines eigenen Lebens, das er wieder voll im Griff hatte.

Als seine Frau gegen Mittag am Strand erschien, war er versöhnt mit seinem Schicksal, und sie hörte sich – noch müde von der vergangenen Nacht – seine Ausführungen an, die er in seiner gewohnt betonten Nüchternheit, aber dennoch unendlich detailverliebt, auch vor ihr ausführte. Sie kannte ihn lange genug, um die sensationslüsterne Aufregung zu spüren, von der er meinte, dass er sie vollkommen im Griff habe.

Er war bei weitem nicht so undurchschaubar für sie, wie er seit Jahren meinte.

Sie kannte ihn – registrierte genau, wann ihn die Emotionen beherrschten, von denen er meinte, dass sie zwar für andere Menschen – hingegen nicht für ihn – existierten.

Wie irritiert wäre er gewesen, wenn sie ihm offenbart hätte, dass sie stets wusste, wann er lügt: Es ihm in dem Moment, wo er es tat, auf den Kopf hin sagte. Empört hätte er dies von sich gewiesen und sie als Spinnerin dargestellt, die sich irgendetwas zusammenfasele und ihn vollkommen verzerrt wahrnehmen würde.

Solche derartigen Dinge existierten für andere, aber nicht für ihn.

Auch die Tatsache, sensationslüstern zu sein, passte nicht in sein Bild der sich selbst verordneten männlichen Attribute. So sah er sich in diesem aktuellen Fall lediglich als neutraler Berichterstatter, dessen selbstauferlegte Aufgabe es war, eine wahrheitsgetreue und deeskalierende Berichterstattung zu betreiben.

Barbara, die Verletzte, ruhte nun triumphierend ein paar Liegen weiter unter Raimunds Sonnenschirm. Demonstrativ stützte sie ihren Arm, um den weiss und leuchtend der frische Beweis ihrer Opferschaft gewickelt war. Raimund lag auf der Liege neben ihr und beschäftigte sich mit den Inhalten einer Zeitschrift.

Trotz der ausführlichen Schilderungen, die man von ihr und Manuel erfahren hatte, war allerdings noch eines unklar: die Ursache des Streits. Manuel und seine Frau begaben sich zu ihnen, und während sie nun noch einmal den gekonnt dramatisch in Szene gesetzten und mit wüsten Beschimpfung an die Täterin gespickten Ausführungen des Opfers lauschten, wurde zumindest deutlich, wer der eindeutige Sieger dieses Streits gewesen war.

Raimund las betont unbeteiligt in seiner Lektüre, während Barbara unentwegt über diese Frau schimpfte, die eigentlich nie ihre Freundin gewesen, sondern nur ihre Nachbarin sei und sie dazu überredet hatte, mit ihr in den Urlaub zu fahren. Sie hätte es schon vorher geahnt, aber in den letzten Tagen sei ihr erst wirklich aufgefallen, wie neidisch und bevormundend Heidi eigentlich immer ist, und sie – Barbara – sei von ihr in einem fort auf unerträgliche Weise dominiert worden, bis sie sie letztlich sogar körperlich angegangen habe. Sie selber habe sich bemüht, all dies zu ertragen, aber was zu viel ist, ist zu viel! Auch Opferbereitschaft habe schliesslich ihre Grenzen!

Nach der Verletzung, die die Boshafte ihr zugefügt hatte, sei sie aus dem gemeinsamen Zimmer geflohen und habe bei Raimund um Unterschlupf gebeten. Dankbar lächelte sie in dessen Richtung, der sich scheinbar vollkommen vertieft in die Lektüre seiner Zeitung in der ihm verliehenen Heiligencheinaura sonnte, die einem Wohltäter und Sieger angemessen war.

Die Täterin liess sich den ganzen Tag nicht blicken und man spekulierte, sie sei abgereist.

Simone spielte mit dem Kleinen im Sand. Sie war glücklich: Die letzte Nacht hatte auch sie zur Siegerin gemacht.

Manuels Frau schwieg. Versonnen blickte sie zum Schirm der drei Abenteurer, unter dem heute lediglich zwei Blondschöpfe blitzten. Aber das reichte ihr vollkommen, um erneut den lichten Lebensschauer zu spüren, der sie seit Erwachen an diesem Morgen erfüllte.

Sie blickte aufs Wasser, das klar und von der sengenden Spätmittagssonne beschienen vor ihr lag. Es war nun wieder eine andere Welt, als sie sich ihr in der vergangenen Nacht gezeigt hatte. Aber die Hitze schien ihr leichter heute. Tief sog sie den Atem ein, den ihr Körper nun wieder forderte. Endlich.

Auf der gegenüberliegenden Seite wartete auch an diesem Tag das müde Dromedar, ergeben festgebunden, wie auch sein Kälbchen, das sich noch immer zuversichtlich mit kühnen Sprüngen gegen seine Gefangenschaft zu wehren wagte.

Die Wellen plätscherten wie jeden Tag durch die Bucht und wurden weiterhin beharrlich von dem unerschütterlichen Felsen gebrochen. Dieser lag nach wie vor schwerfällig in der Bucht und registrierte das emsige Geplätscher nicht einmal.

Lediglich eine grosse Welle würde die Macht haben, ihn einmal vollkommen zu überrollen. Diese würde ihn eventuell kurz aufschrecken. Aber nur, bis die unbarmherzige Sonne das weckende Nass schnell wieder getrocknet und ihm seinen alten Trott zurückgegeben haben würde. Es lag nicht in der Natur eines Felsens, aufzuwachen und irgendetwas verändern zu wollen.

Ihr Blick fiel auf ihre rechte Hand. Sie verspürte keine Regung in sich, als sie die Leere an ihrem Ringfinger registrierte.

Ihr Blick wanderte zurück zum Felsen und sie meinte, dort ein unscheinbares Blitzen zu sehen.

Still nahm sie Abschied – vom Felsen – vom Dromedar … Am folgenden Tag würde ihre Reise zu Ende sein.

11.

Sie stand am Bahnsteig.

Tiefe Finsternis vor und in ihr. Wie fremd lagen ihre Augäpfel in den finsteren Höhlen eines mageren Gesichtes, das schon lange nicht mehr zu ihr zu gehören schien. Stundenlang hatte sie versucht, zuhause Schülerarbeiten zu korrigieren, aber die giftigen Stimmen hatten unaufhörlich geflüstert, gewispert, auf sie eingestochen. Sie hatten sie mit ihrem Gift durchätzt wie zischende Quallen, deren Tentakel in jeden Zentimeter ihres Körpers vordrangen. Sie säuselten und schimpften, wisperten und tobten.

Sie hatte versucht, sie zu besänftigen, sie zu beruhigen und schliesslich, sich zu wehren – aber dadurch hatte sie sie nur noch mehr angestachelt.

Seit Wochen ging das nun schon so – sie konnte nicht mehr. Sie gab auf. Hatte sich eine Jacke übergeworfen und war zum U-Bahnhof gegangen.

Nun stand sie da. An der Stelle, wo in ein paar Minuten der Zug einfahren sollte.

Die Stimmen trieben sie weiter. Voran! Immer voran! Auf die dunkle Grube zu.

Ihre Schreie – sie waren immer stummer geworden, nachdem Manuel sie beständig beschwichtigt und klein geredet hatte.

Immer wieder hatte er wiederholt, dass sie ihn doch verstehen müsse. Seine Angst wegen des Kredits, den er für das Haus aufgenommen hatte. Sie könne ihre Karriere jetzt nicht riskieren.

Er könne nicht mehr schlafen! Er hatte den Druck erhöht.

Auch seine Mutter hatte besorgt mit ihr geredet – ihr zunächst gut zugeredet, dann war sie deutlicher geworden: „Was willst du denn noch alles?! Du hast doch alles: Ein Haus, ein Kind, einen Mann!“ Ihre ganze Sorge hatte dem mit den Bankschulden belasteten Sohn gegolten.

Sie hatte sich zusammengerissen, wollte den gemeinsamen Plan mit dem Haus nicht gefährden. Mitunter waren ihr leise Zweifel an der Berechtigung von Manuels Sorgen gekommen: Er verdiente doch eigentlich sehr gut, oder? Aber sie hatte sich nie wirklich damit auseinandergesetzt, ab wann man zu den Besserverdienenden gehörte. Von Krediten hatte sie ohnehin keine Ahnung. Die Finanzen waren Manuels Sache gewesen. Und sie hatte seinem Urteilsvermögen und seiner Ehrlichkeit in dieser Hinsicht immer vorbehaltlos vertraut.

Manuel war ein gerechter Mann in ihren Augen. Sie liebte ihn. Er musste so sein.

Nun versank sie seit Wochen tief in der Dunkelheit. Ihre Schreie irgendwo ganz tief in sich erstickt. Ihm zuliebe.

Vor ein paar Tagen hatte sie den Schmuck abgenommen, den sie sonst immer trug. Nur noch der Ehering stumpfte matt an ihrem Finger.

Sie blickte in die Grube vor sich – teilnahmslos liess sie sich treiben. Die Geister kreischten und wühlten in ihr. Trieben sie vorwärts.

Sie hatte den Rand ihrer Kräfte weit überschritten. Hatte sich verloren. Ihm und seinen Vorstellungen vom Leben zuliebe. Er registrierte es nicht. Trieb sie weiter an. Wollte, dass sie funktionierte.

Sie schwankte. Nur noch ein kleiner Schritt. Sie konnte nicht mehr ...

„Aber du hast ein Kind! Das braucht dich!"

Der Schrei riss sie aus ihrer Trance heraus. Ihr Haar flatterte heftig vom Wind des einratternden Zuges.

Zitternd war sie in den Zug gestiegen und zu Manuel in die Arbeit gefahren. Hatte dort unten im Empfang auf ihn gewartet. Vier volle Stunden. Bis er Feierabend hatte.

Sie hatte ihn nicht stören wollen – einfach nur in seiner Nähe sein.

Irritiert hatte er seine verzweifelte Frau in den Armen gehalten.

Unter Tränen hatte sie ihn angefleht, er möge mit ihr zu den Notfallärzten gehen, sie bräuchte Hilfe.

Er hatte sie trösten wollen, sie beschwichtigt. Ihr noch einmal gut zugeredet ... Ihre Karriere – das Haus – die gemeinsame Zukunft!

Dann waren sie zum Essen gegangen. Sie war wieder etwas zu Kräften gekommen. Manuel war erleichtert.

Am nächsten Tag ging er ins Reisebüro und buchte ihnen einen Urlaub in Ägypten. Drei Monate später. Es war Januar.

Epilog

Es musste bereits gegen ein Uhr morgens sein. Rubys erster freier Abend seit der Geburt des Kleinen! Diesmal hatte sie nicht Manuels stummem, vorwurfsgeschwängertem Drängeln nachgegeben. Hatte sein Angebot, einmal alleine für ein paar Stunden den Kleinen zu umsorgen, der ja ohnehin schlafen würde, sogar angenommen. Das kannte Manuel nicht von ihr und es missfiel ihm.

Das Gefühl, dass ihr dies vollkommen egal war, verlieh Ruby Leichtigkeit und ein ungekanntes Gefühl von Freiheit. Endlich! Freiheit! Luft!

Sie war selber überrascht von diesem Gefühl der Weite, das von ihr Besitz nahm, und folgte überwältigt dem Pfad, den es ihr zeigte.

Schon ewig war sie nicht mehr so lange wach gewesen. André und sie gingen zum Strand. Der inzwischen lauere Wind umspielte ihre Gesichter, Arme, Beine ... Sie hatten keine Eile.

Zärtlich flüsterte er ihren Namen in die Abendstille. So hatte sie diesen noch nie gehört. Es war eine Taufe für sie – zu einem neuen Leben.

Neben sich in der Leere ertastete sie Andrés Hand. Barfuss schlenderten sie durch den Sand und genossen die stille kostbare Gewissheit, die Zeit verloren zu haben.

Schweigen.

In den letzten Stunden war bereits alles gesagt worden. Alles, was notwendig war bis zu diesem Zeitpunkt. Jedes weitere Wort hätte die kostbare Übereinstimmung zwischen ihnen zerstört. Beide waren sie sich dieser Gefahr bewusst. Beide umgingen sie sie.

Die Lichter des Hotels waren bald nicht mehr zu sehen und über ihnen offenbarte sich der grösste Schatz des von Ruby bislang nur als ein von brutaler Hitze geschundener Wüstenfleck wahrgenommenen Landes: Der Sternenhimmel.

Ruby wusste, dass es der falsche Mann an ihrer Seite war. Sie wusste auch, dass es genau deshalb der einzig Richtige war. Das einzig Richtige, das ihr das Leben zu diesem Zeitpunkt hatte geben können.

Sie hielt seine Hand fester und das dichte Sternenmeer verschlang sie, als sie im warmen Sand des Wüstenstrandes versanken.

Wenige Monate später übernahmen die Militärs vollständig die Herrschaft über Ägypten. Hurghada und die anderen Hochburgen des touristischen Amüsements waren für die Aussenwelt abgeschlossen.

Ihr goldener Ehering ruht nun – von Soldaten und den gefangenen Dromedaren bewacht – an dem Felsen im Wasser, an dem sie ihre Träume hatte zerschellen lassen.

Ruby war aufgewacht.

Und während in Ägypten mit eiserner Hand das Militär herrschte, stellte sie sich der nun unvermeidlich gewordenen Auseinandersetzung mit ihrem in seiner Ordnungssucht zutiefst verletzten Ehemann.

Sie war ins Leben zurückgekehrt.

André sah sie nie wieder.

HEIMAT

Von ihnen allen war ein Teil mit versunken, als die Gustloff 1945 von russischen U-Booten torpediert auf dem Grund der Ostsee versank. Alle waren gestorben. Ihrer aller Schreie waren es gewesen.

Elsa erwachte schweissgebadet. Leise drang das Zwitschern der Vögel durch die mehr und mehr verhallenden Schreie ihres Traumes. Über fünfzig Jahre war es bereits her. Elsa war bei der Evakuierung Ostpreussens ungefähr sieben Jahre alt gewesen. Oft sprach sie von „der Flucht", doch nie datierte sie sie. Die Flucht, auf der ihre Mutter starb – vom Vater verlassen, im Krieg mit ihr und ihrer Schwester – am Krebs – verlassen – überlebend, zusammenklaubend und klauend, was eben ging – dahingesiecht.

Nein, für diese Ereignisse gab es keine Datierungen, keinen Zeitstrahl, der einen Anfang und ein Ende festsetzte. Vielleicht hatte es mal – chronologisch gesehen – einen Anfang gegeben, aber niemals ein Ende, für sie.

*

Der Tag heute hatte einen Anfang: Ein Gespräch mit dem Jugendamt stand an. Ein kleines Mädchen galt es zu vermitteln. Die Mutter depressiv, aber am Leben: „Nur für die Dauer des Klinikaufenthaltes", hiess es. Man hatte sich um vorübergehende Pflegestellen bemüht. Sie war zunächst bei den Pfarrersleuten untergebracht, die sie nun nicht mehr nehmen konnten. Dann hatte man im Kindergarten nach Pflegeeltern gefragt. Niemand fand sich. Nun sollte sie ins Heim. Ein neues Heim. Ein schönes Heim. Dort geht es ihr gut.

Elsa betrachtete das kleine Mädchen, das auf dem Bauteppich mit den anderen Kindern spielte. Dünn war sie. Hatte wohl nix zu essen bekommen dort im Osten. Ihr Vater hatte sein leibliches Kind genommen und dieses

Mädchen bei der kranken Mutter gelassen: „Ich nehme mein Kind und du deines." Dann war er gegangen.

Eigentlich war sie doch ganz normal. Ein fröhliches Kind, wenn auch mitunter mit melancholischem Blick in die Ferne schauend. Die Mutter holte sie hin und wieder ab. Sediert. Unter Beruhigungsmitteln. Doch jetzt spielte sie.

Sie war begabt. Sang schön und sauber. Die Eltern: Sänger und Musiker ... Künstler eben. Die kriegen doch eh nix gebacken. Jetzt bei Pfarrers ... eigentlich ging es diesem Kind doch richtig gut! Es hatte einen Kindergartenplatz und regelmässige Mahlzeiten und Pfarrers, das Jugendamt und ihre Erzieherin – Elsa selbst – kümmerten sich um seine Unterbringung.

Elsa war im Stich gelassen worden von Vater, Mutter, ca. vierundzwanzig Onkeln und Tanten, vom Vaterland; war behandelt worden als wertloses Ding, hatte gehungert ... gehungert ... Hunger ... Das alles hatte sich tief in ihre Kinderseele eingegraben, die nie wirklich erwachsen geworden war ... die weinte und schrie ... vor allem nachts in ihren Träumen.

Ihre Schale war hart geworden mit der Zeit. Manchmal erzählte sie trocken von ihren Erlebnissen, ihrer Sehnsucht nach einer lieben Puppe und danach, Harfe lernen zu dürfen. Von der Trauer um das geliebte Spielzeug, das der überglücklichen Kleinen von einer liebevollen Heimmutter geschenkt worden war; bald darauf zerstört und misshandelt durch den Neid „der anderen".

Barsch schüttelte Elsa die Gedanken an die nächtlichen Träume ab.

„Ihr Eigentum ist schon gepackt", sagte die Pfarrersfrau und zeigte auf zwei Plastiktüten, die neben dem Stuhl standen. Eine mit Kleidung, die andere mit Spielzeug: Eine Puppe, ein Teddy und anderes. „Hier haben Sie den Zettel mit der Adresse."

Elsa sagte, dass sie das Heim kenne, denn es käme zwar selten vor – zum Glück – aber zweimal habe sie schon ein Kind ins Kinderheim bringen müssen. Vor einem Jahr einen kleinen Jungen, der vom Vater geschlagen wurde ... Die Heime seien ja heute zum Glück viel besser als damals in der Nachkriegszeit. Oft schon gar keine Heime mehr, sondern Wohngruppen mit festen Betreuern. Und Kleidung und Essen und Spielzeug bekämen die Kinder dort alle genug. Ebenso war auch für eine gute Schulbildung gesorgt. Dort könne man schon gross werden ... naja, wer weiss, wann die Mutter die Kleine wieder nehmen kann. Vielleicht ja schon bald?

Sie war gewachsen. Ihre äussere Schale. Sie boxte sich durch, erlernte einen Beruf, den sie mit dem, was ihr an Leidenschaft geblieben war, ausfüllte. Wurde Erzieherin und war in der Lage, in jedem Kind sich selber zu sehen, ihren eigenen Liebeshunger. Der nie gestillt worden war und nun schon seit langem nicht mehr gestillt werden kann.

Die Mutter der Kleinen war geflohen. So vor zwei Jahren. Aus der DDR. Die Mauer. Geschlossen. Das hatte die Mutter gewusst. Sie war geflohen. Ausgehungert nach Freiheit, Leben. Depressiv durch die Schläge des Mannes. Liebe! Zu wem? Den Kindern? Sie war depressiv! Litt! Wollte weg! Der Trauer entfliehen. Der Gefangenschaft! Sie liess ihre Kinder dort. Diese seltsame kranke Frau ... Bei den anderen.

Das Umfeld war immer mehr zu „den anderen" für Elsa geworden. „Die anderen"! Abgelehnt, angewidert, zutiefst verletzt hatten sie sie ... ihr Leben lang in Anonymität gerückt. Gesichterlos, namenlos, undefinierbar – die Feinde.

Sie hatte geheiratet und war mit ihrem Mann in die USA gegangen. Ein neues Leben. Schön war das gewesen! Sie lernte Englisch. Voller Stolz! Eine Fremdsprache! Diese Möglichkeit hatten sonst nur die Kinder, die das Gymnasium besuchen konnten. Kluge Kinder – mit Eltern.

„Was wird mit dem Schulbesuch sein?"

„Sie ist im Mai sechs geworden und soll erst nächstes Jahr in die Schule kommen, wenn sie sieben ist. Dann sind hoffentlich die Familienverhältnisse geklärt. Diese Papiere müssten ausgefüllt werden. Das da oben ist ihr Zeichen … diese Nummer hier …"

Elsa schaute zu der Nummer auf dem Bauteppich.

Eine intelligente kleine Nummer war das, die dasass und einer Puppe eine spannende Geschichte erzählte, die in ihrem Kopf herumschwirren musste. Viele Geschichten und Flausen hatte sie im Kopf, so gut kannte sie sie schon. Nur nix auf den Rippen … aber sie bekam doch genug zu essen, seitdem sie hier im Westen war! Und nahrhafte gesunde Milch, die „nach Kaffeesahne" schmeckte, wie die Kleine erstaunt festgestellt hatte, als sie zum ersten Mal „Westmilch" im Kindergarten trank.

„Uns hat damals auch niemand geholfen, als wir jemanden brauchten!", hörte sie ihre Schwester schimpfen. Sie schüttelte den Kopf, um das Zetern aus ihren Ohren zu vertreiben.

Elsas Mann hatte gut verdient in den USA und sie war zum ersten Mal in ihrem Leben frei gewesen. Frei von jeglichen Vorurteilen und Verurteilungen: „Warum willst du DIE denn heiraten? Die hat nix. Isch nix! Nimm doch die Gertrud ausm Dörfle …", waren die Worte ihrer Schwiegermutter gewesen, als Bernhard sie ihr als seine Braut vorstellte.

Sie hatte sich gewehrt. Mit aufgesetzter Höflichkeit und ihrer rauen Schale. Da kam sie nicht durch, diese alte schwäbische Hexe! Und wenn sie noch so viel gegen sie intrigierte und auf sie einstach mit ihren scharfen, abwertenden Worten. Die andere … Bernhard war zwar leicht beeinflussbar – aber Elsa war stärker! Sie hatte gewonnen! Diesen Kampf.

„Das Kind ist begabt“, *hörte sie sich sagen.*

„Ach wirklich?“, erwiderte die Jugendbeauftragte und füllte weiter das Formblatt aus.

„Ach wirklich?“, erwiderte die Pfarrersfrau und ein tiefer Blick traf Elsa.

„Sehr musikalisch ... und viel Fantasie“, murmelte sie. Sie wich aus.

„Momentan hat die Mutter noch das Sorgerecht und wenn sie bald gesund wird, dann wird es auch so bleiben. Wenn nicht, dann wird wohl der Staat vorübergehend oder auch ganz – man weiss ja nie – die Fürsorge übernehmen. In diesen Kindergarten wird sie dann auch nicht mehr kommen, da ihre neue Unterkunft im Norden Hamburgs liegt.“ Die Dame vom Jugendamt fuhr langsam zu Höchsttouren auf und lamentierte den Ablauf des nun bevorstehenden Procederes für Elsa und die Pfarrersfrau herunter. Dieser Staat war ein guter Staat! Er sorgt für seine Nummern. Gibt ihnen ein Dach über dem Kopf, Kleidung, Essen, Schulbildung - das Notwendige halt ... Das, was jeder braucht. Ein guter Staat! Vater Staat.

Elsa hatte nie Mutter werden können.

Sie und ihr Mann hatten es oft versucht, doch es hatte nie geklappt. Niemals! Nein, auch viele Fehlgeburten und eine Totgeburt bedeuten, dass es nie geklappt hat! Das waren keine Kinder gewesen!

Das hier war nicht ihr Kind!

Einfach nicht mehr dran denken.

Was für ein Gewese heutzutage um Fehlgeburten gemacht wurde. Sternenkinder nannte man sie. Das konnte doch nur wehtun!

Sie wollte diesen Schmerz nicht. Das waren keine Kinder!

Vom Bauteppich klang jetzt Gesang. Fröhlich (und sehr sauber!, wie Elsa bemerkte) sang die Kleine begleitend zu ihrem Spiel das Lied, das sie erst heute Morgen im Morgenkreis gelernt hatten.

Das konnte sie sich schon merken? Elsa war erstaunt!

„Könntest du bitte ein wenig ruhiger sein!", erbat sich die Jugendfürsorgerin, die weiter eifrig das Formular ausfüllte, „Ich habe gleich noch einen weiteren Termin!"

„Wer bringt das Kind denn jetzt ins Heim?"

„Das wird Frau Schröder tun", sagte die Pfarrersfrau, „Ich werde heute noch verreisen."

„Sie kann aber erst morgen dort aufgenommen werden: Vorher besteht noch kein Versicherungsschutz für sie in der Einrichtung ..."

„Ich nehme sie bis morgen. Das ist bereits so besprochen." Elsa war die Fürsorgerin unsympathisch.

Der Staat hatte auch für Elsa und ihre Schwester gut gesorgt.

Sie hatten Unterkunft erhalten. Kleidung. Schulbildung. Eine Ausbildung. Sogar an Pflegeeltern hatte man Elsa vermitteln können ...

Sie war schlecht behandelt worden.

Kam nach zwei Jahren endlich wieder ins Heim. Das Verhasste. In die Obhut Vater Staats, der sie zumindest nicht prügelte, ihr unverdorbenes Essen gab und darauf achtete, dass sie mit Schuhen in die Schule ging.

„Dann ist ja alles in Ordnung!" Die Frau Fürsorgerin war sehr zufrieden ob dem Ergebnis dieses Gesprächs, stand auf und gab den beiden Frauen die Hand.

„Dann geben Sie doch bitte im Heim morgen dieses Formular ab, damit sie alles Weitere ausfüllen und es an mich weiterleiten." Sie blickte zu dem Kind auf dem Teppich „Naja, da wird sie dann ja vielleicht mal was auf die Rippen bekommen, die Kleine ..."

„Genug zu essen hat sie hier auch", sagte Elsa unwirsch und entzog der Dame ihre Hand.

Genug zu essen hatte sie immer im Heim gehabt.

Eine Puppe? Gesangsunterricht? Harfenunterricht? Wie dekadent! An so etwas auch nur zu denken war schon undankbar gewesen.

Sie war auch nicht blöd gewesen! Oder doch? Wer hatte ihr jemals das Gegenteil gesagt? Hatte ihr jemals jemand das Gegenteil gesagt?

Sie hatte doch später als Erwachsene noch Englisch gelernt. War viel gereist. Hatte sich zurechtgefunden. Sich und ihren Mann in einem fremden Land durchgeboxt.

Aber sie hatte keine Kinder kriegen können.

„Die isch nix. Die kann nix ...", nicht einmal Kinder kriegen. Vater Staat hatte sie in die Obhut von Pflegeltern gegeben.

Dort hatte sie Puppen gehabt und ein Bett und Essen.

Dort hatte sie Puppen in der Glasvitrine zum Vorzeigen, ein Bett ohne Matratze und Decke nur mit den blanken kalten Spiralfedern und verschimmeltes, von Maden durchwuchertes Essen gehabt. Das bessere Essen bekam der Hund.

Dort hatte sie Eltern: Einen kranken, bettlägerigen, machtlosen Vater und eine verbitterte Mutter, der das Vaterland den Sohn genommen hatte, ihn in den Krieg geschickt und auf hoher See hatte verrecken lassen.

Eine zornige Mutter, die sie prügelte und misshandelte. Aus Rache.

Das war die Rache der Mutter.

Elsa hatte nie Kinder bekommen können.

„Jetzt kommt die Kleine also ins Heim", sagte die Pfarrersfrau. „Dort wird es ihr gut gehen. Die Heime heute sind ganz anders als die früher."

„Ja", erwiderte Elsa.

Vom Bauteppich her erklang Lachen. Das kleine Mädchen blickte hinüber zu Elsa und der Pfarrersfrau: „Musst du jetzt gehen, Frau Kerner?", fragte sie diese. Frau Kerner nickte und kniete sich zu ihr herunter: „Gottes Segen mit dir, Kleine", sagte sie.

„Meine Mama sagt, es gibt keinen Gott mehr für sie, denn er hat sie krank gemacht."

„Gibt es keinen?", Frau Kerner blickte zu Elsa hinüber. „Vater Staat passt auf dich auf", murmelte Elsa mürrisch. Frau Kerner verabschiedete sich und ging.

Elsa begann, aufzuräumen. Das Spielzeug an seinen Platz, wo es schon die ganzen Jahre, die sie in dem Kindergarten arbeitete, seinen Platz hatte. Die Stühle auf den Tisch. Die anderen Kinder waren schon lange abgeholt. Nur die Kleine war noch während des Gespräches zwischen ihr und Frau Kerner mit der Frau vom Fürsorgeamt geblieben und hatte auf dem Bauteppich am anderen Ende des Raumes gespielt. Und gesungen.

Sie ahnte nichts. Sie war es gewohnt. Dass die Dinge einfach passierten. Dass die Menschen gingen und kamen.

Für eine kurze Zeit. Sie nahm die Hand. Ging mit. Lächelte. Erzählte. Sang. Für eine kurze Zeit.

Elsas Mann war gegangen. Sie hatten kurz vor der Adoption eines Kindes gestanden. Er hatte eine andere Frau kennengelernt, die war schwanger geworden. Er ging zu ihr. Zu der anderen.

*

Von ihnen allen war ein Teil mit versunken, als die Gustloff 1945 von russischen U-Booten torpediert auf dem Grund der Ostsee versank. Alle waren gestorben. Ihrer aller Schreie waren es gewesen. Elsa war bei der Evakuierung Ostpreussens noch keine sieben Jahre alt gewesen. Oft sprach sie von der Flucht, doch nie datierte sie sie. Diese Flucht, auf der ihre Mutter – vom Vater mit zwei kleinen Töchtern allein gelassen – starb. Nein, für diese Erlebnisse gab es keine Datierungen, keinen Zeitstrahl, der einen Anfang und ein Ende festsetzen konnte. Vielleicht hätte man chronologisch einen Anfang nennen können, aber niemals ein Ende – für sie. Tief hatten sich die Erlebnisse ihres Lebens in ihre Kinderseele eingegraben.

Doch Elsas Schale war gewachsen und sie war eine Löwin geworden. Allein ums Überleben kämpfend auf weiter Flur. Allein gelassen vom schützenden Rudelverbund.

Mitunter zweifelnd am Sinn ihres Daseins – aber kämpfend!

Sie verstand dieses Kind. Hörte durch das Singen die Schreie der kleinen Seele, die wie ein zartes, längst verhallt scheinendes Echo die eigenen Hilferufe erklingen liess.

Sie waren alle ertrunken, damals, als die Gustloff unterging, ALLE!

Ihre Eltern, ihre Freunde, ihre Rufe, ihr Vertrauen.

„Komm, Doris“, sagte sie zu dem kleinen Mädchen und streckte ihre Hand aus: „Du hast bestimmt Hunger. Wir gehen nachhause.“

JUST A PENCIL! - VON DER KUNST, EINEN BLEISTIFT ZU SPITZEN.

EIN ESSAY

Er ist konzentriert. Ganz in sich versunken und in den Gegenstand seiner Arbeit … Auf und ab senkt sich sein Brustkorb im Rhythmus des ein- und ausströmenden Atems. Er wirkt abwesend. Und doch ist er da: In vollster auratischer Präsenz. Spürt nicht, dass er beobachtet wird – dass er zum Träumen anregt in seiner vollkommenen Anwesenheit.

Menschen, die die Fähigkeit besitzen, sich mit tiefer Leidenschaft und Hingabe in eine Aufgabe zu vertiefen, übten schon immer eine große Anziehungskraft auf mich aus.

Es ist so, als würde ihre Ruhe unmittelbar auf mich überspringen, als fände ein Teil von mir bei ihnen ein Zuhause. Und sei es nur für den Moment des Zusehens, die Minuten, oder vielleicht sogar Stunden, die dies dauert. Sinnlich ist das – und zutiefst erotisch.

Er ist ein Mann am Scheideweg – am Scheidungsweg. Seine Beziehung liegt in Scherben. Unrettbar. Eine große Leere breitet sich in ihm aus. Er braucht etwas, das ihm Halt gibt. Und er findet es – in der Aufgabe, die er sich gesucht hat. Ein Handwerk, das er selber erfunden – entwickelt und definiert hat. Ein Kunsthandwerk:

Die Kunst, einen Bleistift zu spitzen.

Es gibt Situationen wie die oben geschilderte, in denen uns der Sinn des Lebens vollkommen abhandengekommen zu sein scheint. In der wir vor unserem Leben stehen, es betrachten mit all seinen Bereichen und Aufgaben, seinen Alltäglichkeiten und Besonderheiten – so wie wir es uns zum Teil erschaffen haben, wie es sich zum Teil aber auch aus den von uns gewählten Komponenten selbst erschaffen hat. Nach und nach haben wir die Zutaten ausgewählt und stehen nun plötzlich vor einem Kuchen, der uns überhaupt nicht mehr anspricht. Oder er ist einfach in sich zusammengefallen, weil die wichtigste Zutat nicht mehr zur Verfügung steht.

Solche Zustände können verheerend sein, vor allem, wenn man sucht und sucht und weit und breit keine andere Zutat da ist, die diesen Verlust kompensieren könnte. Nihilistische Leere – absolute Sinnlosigkeit – auf der ganzen Linie … Keine der bisherigen Aufgaben gibt mehr Halt und Sinn.

Ein erschreckendes Szenario – das aber fast jedem zumindestens einmal im Leben begegnet.

David, der Handwerker, von dem ich eingangs sprach, und Verfasser eines Buches[1] über die Kunst, einen Bleistift zu spitzen, hat als Weg aus seiner Lebenskrise heraus einen ganz speziellen Weg gewählt. Das heisst: So speziell war der Weg eigentlich gar nicht. Der Weg war ein bewährter: Ich fokussiere mich auf eine vollkommen neue Aufgabe, versuche, wieder ins Handeln zu kommen, voranzugehen.

Ich gebe meiner Entwicklung einen leichten, liebevollen Tritt in den Hintern, damit es vorwärts geht. Einfach nur vorwärts. Wenn auch hinkend und zunächst widerwillig – aber vorwärts!

Nein, nicht der Weg, aber der Gegenstand, den er gewählt hat, war ein spezieller: Es war der Bleistift – genauer gesagt, die Technik des Anspitzvorganges. Ein ganzes Buch hat er darüber verfasst und dieses dient nicht nur der spitzfindigen Einführung in die unterschiedlichen Techniken des Bleistiftanspitzens – die er über ein Jahr lang eingeübt und perfektioniert hat – es dient auch der Manifestation einer Ästhetik: Für David ist „einen Bleistift zu spitzen […] ein ästhetisches Erlebnis, das alle deine Sinne anspricht."[2]

Und er entwickelte daraus für sich eine neue Lebensphilosophie, die ihm letztlich eine neue Zukunft eröffnet hat. Denn er arbeitet seither als professioneller Bleistiftanspitzer in New York und man kann seinen Bleistift bei ihm einschicken und für zwölf Dollar spitzen lassen.

Sinnlos? Wieso? Was kann denn sinnloser sein als eine verlorene Perspektive und sinnvoller als ein kleiner (wichtiger) Gebrauchsgegenstand, dem man seine ganze ungeteilte Aufmerksamkeit schenkt, um ihn in seiner Vielseitigkeit und in seinem Wert zu entdecken? Und David zeigt damit: Es sind die kleinen Dinge, die dem Leben Sinn geben.

Natürlich gibt es auch grosse Dinge. Tragende, gewichtige Dinge, die von vielen Personen wahrgenommen und als wertvoll erachtet werden – aber wenn diese auf einmal nicht mehr da sind, was dann? Dann gibt es immer auch etwas Kleines, das man vollkommen neu für sich entdecken kann und das damit immer grösser wird – nicht nur für einen selber, sondern auch für die Menschen, die man nach und nach an seiner Entdeckung teilhaben lässt. Das vermeintlich Kleine kann sich dann auf einmal als deine neue Lebensaufgabe und -vision entpuppen.

Es gibt Menschen in meinem Umfeld, die in ihren Berufen und in ihrem Leben Grossartiges leisten. Menschen, die grosse Werke vollbringen, mit berühmten Kollegen zusammenarbeiten und selber hoch angesehen in ihren Berufen sind.

Sie leben den Luxus, die Anerkennung – aber auch den Neid – vieler anderer geniessen zu können.

Und keine Frage, es ist toll, solche Anerkennung in seiner Arbeit zu finden. Es kann einem unglaubliche Erfüllung geben!

Hohes Ansehen ist aber auch mit einer Menge Druck verbunden. Und nicht selten entgleitet einem die eigene, ursprünglich einmal aus Liebe und Hingabe an die Thematik gewählte Aufgabe ins Äusserliche und in die Fremdbestimmung. In die Sucht nach dem Halten der Anerkennung – und in den Verlust deiner ursprünglichen Berufung. Eine Sucht, die nicht selten dazu führt, dass sich dein – und oftmals auch das Leben deiner Familie – nur noch und ausschliesslich um deinen Beruf dreht. Und alle und alles sich diesem und seinen Anforderungen unterordnen muss.

Workaholismus – ein Begriff, der so gerne mit einem leichten Schmunzeln verwendet wird. Dabei ist es im Grunde eine schlimme Sucht und Besessenheit von Arbeit, der alles andere untergeordnet und dienstbar gemacht wird – in deren Rahmen sich alles fügen muss: Deine Musse, dein Schlaf, deine Beziehungen, deine Familie, deine Leichtigkeit, dein Lebenssinn.

Workaholismus – eine Matrix, in der die Bewertung deines Lebens sich am Massstab deiner Arbeit misst. In der keine Zeit für scheinbar „Nebensächliches" „verplempert" wird.

Workaholismus – die Tyrannei des Berufes. Nicht weniger gefährlich für Leben, Gesundheit und soziale Beziehungen als jede andere Droge!

Hier wendet sich das Blatt von der anziehenden Versunkenheit in eine Tätigkeit hin in eine suchtgetriebene Besessenheit, die den Massstab des Menschlichen verliert.

Ich wünschte mir oft, dass diese Menschen sich die Zeit nehmen würden, um so ein Buch wie Davids Anspitzbuch zu lesen. Einfach so. Das kleine Buch eines Menschen lesen, der nach einem tiefen Einbruch in seinen Lebensplänen seinen alten (sehr erfolgreich ausgeführten) Beruf an den Nagel hängte und ein kleines, so unbedeutend erscheinendes Handwerk erfand.

Sich den Luxus gönnen, sich die Zeit zu nehmen, um in etwas, das keinem direkten Zweck dienlich sein soll, hinabzutauchen. In die Langsamkeit, die ein wirklich bewusst ausgeführter handwerklicher Vorgang erfordert und die nur einem klitzekleinen – scheinbar unspektakulärem Ziel dient: nämlich dem Ziel, einen schön gespitzten Bleistift zu haben.

Just a pencil!

Nicht Ruhm. Nicht wissenschaftliche oder künstlerische Grösse, die beständig von der Ferne verlockend mit ihren Lorbeerblättern winken. Nicht das Gehalt!

Das hat für mich viel zu tun mit ehrlicher, wirklicher Demut. Demut vor dem Bewusstsein, dass meine Lebenskräfte begrenzt sind und dass ich sorgsam mit ihnen umgehen muss. In der Verantwortung vor mir und dem Leben, dem grossen Geschenk, das ich bei meiner Geburt erhielt und das ich missbrauche, wenn ich es für die Selbstbehauptung meines Egos auf dem beruflichen Schlachtfeld des äusseren Erfolgs aussauge.

Auch die Musse wird dazu oft funktionalisiert: Ich gönne mir Musse, um wieder Kraft für die Arbeit zu tanken. Und sobald ich wieder ein klitzekleines Quentchen Kraft spüre, dann rase ich zurück an meinen Schreibtisch, um diese in die richtigen mir Anerkennung verheissenden Bahnen zu kanalisieren. Möglichst sollte diese Musse dann auch in irgendeinem Zusammenhang mit meiner Arbeit stehen …

Vor dem Leben sind sie alle gleich: Der vermeintlich große Künstler, Professor, Manager, Musiker … und der kleine Bleistiftanspitzer! Wirkliche Demut vor dem Leben kennt es nicht, das leicht amüsierte, herablassende Lächeln des äusseren Erfolgs.

Und so ziehe ich meine Lehre aus der kleinen, humorvollen Abhandlung von David Rees über „Die Kunst, einen Bleistift zu spitzen", einem scheinbar so nichtigen Gegenstand:

Dass jedes meiner kleinen Worte, das ich schreibe, jedes Aufstehen am Morgen – jeder erreichte Abend, jeder freundlich verlebte Tag – kleine grosse Schritte sind.

Deswegen liebe ich das Schreiben! Das Schreiben meiner Morgenseiten und Abendnotizen. Das Schreiben, bei dem nur ich präsent bin und kein Zuschauer oder potentieller Laudator. Das Schreiben, das nicht dazu da ist, um von anderen gelesen zu werden. Diese reine, klare, schmerzhaft-ehrliche Begegnung mit mir selber.

Und der Frieden in meiner Seele ist die Antwort und das Geschenk des Lebens an mich.

Anmerkungen

[1] David Rees: Von der Kunst, einen Bleistift zu spitzen. Berlin: WALDE + GRAF bei Metrolit 2013.

[2] Rees: Von der Kunst, einen Bleistift zu spitzen (s. Anm. 1), S. 45f.

Nachwort: Das Leben und das Schreiben

Das Leben und das Schreiben sind voneinander so wenig zu trennen wie das Ein- und Ausatmen.

Ich schreibe für Menschen. In erster Linie für Menschen, die wissen, wie es ist, an die Grenzen der eigenen Lebensträume und Wertevorstellungen zu kommen und die die schmerzhafte Erfahrung von Ohnmacht, von Sprach- und Handlungsunfähigkeit gemacht haben. Menschen, die sowohl innerlich als auch äusserlich vollkommen neu anfangen müssen. Meine Erzählungen sollen ihnen helfen, indem sie zeigen: Du wirst verstanden.

Ich danke an dieser Stelle besonders den Menschen, die mich dazu ermutigt haben, *zu schreiben*. Das waren in erster Linie:

Meine liebe Freundin und Kollegin Friederike, die so viel von meiner Literatur hielt, dass sie sie in ihrem eigenen Verlag herausbringen wollte.

Mein Schulfreund Nicky: Die Stimme aus der Vergangenheit, die im Laufe unserer Wemakeit-Kampagne wieder in mein Leben getreten ist und sich spontan als mein Buchpate angeboten hat. Der mich seitdem – so wie früher und als seien keine zwanzig Jahre vergangen – geduldig aufrichtet, wenn ich mal wieder an allem zweifele: „Lauf, Doro! Es ist grün!“

Frau R.: Mein reiner Fels in der Brandung und klarer, ungeschliffener Diamant! Die mich in den letzten Jahren zuversichtlich durch alle Stürme und Orkane manövrierte und mir das Vertrauen in mich, das Leben und das Schreiben wiedergab.

Und schliesslich danke ich der Künstlerin Barbara Süßmeier, die dem Verlag so freudig ihr Bild „Auftauchen“ zur Verfügung stellte. Die perfekte Wahl!

Ohne euch und eure Unterstützung würde es dieses kleine Büchlein nicht geben.

Danke!

Doro König im Februar 2022

ÜBER EDITION SCHREIBSTIMME

Unter dem Label edition SchreibStimme publiziert der Verlag SchreibStimme mutige Texte, frische Stimmen, neue Talente: Aus einer Community von Schreibenden entstanden, in Workshops, Retreats und offenen Lesenachmittagen gewachsen. SchreibStimme ist mehr als ein Verlag. Von der Idee bis zum Buch, dabei begleiten wir Menschen, die den Schritt zum ersten Buch wagen.

SchreibStimme hat einen eigenen Vibe. Den Mut zur eigenen Stimme finden. Experimentieren an den Genregrenzen, zwischen Poesie und Prosa. Auch toughe Themen zur Sprache bringen: Traumata, zerbrochene Beziehungen, Fremdheit, verlorenes Glück, Unverstandensein – und dann neues Leben, wiedergefundenes Glück, unbändige Lebensfreude!

Für alle Frauen und Männer, die ihre SchreibStimme suchen und gefunden haben, sind wir da. Sprachkraft, Mut, marginalisierte Perspektiven – dafür gibt es unseren Verlag. So können wir Talente fördern und ihren Büchern eine Heimat zu geben.

Dr. Friederike Kunath & PD Dr. Franz Tóth, Gründer
www.schreibstimme.ch
www.verlag.schreibstimme.ch